民國文存

63

嘉靖禦倭江浙主客軍考

黎光明 著

知識產權出版社

《嘉靖禦倭江浙主客軍考》分為上、下兩編，系統介紹明代嘉靖時期江浙地區參與抗倭的從各地調集的各種武裝力量的組成、調遣、作戰得失等，尤其注意到僧兵這一重要抗倭力量，對了解抗倭戰爭的細節具有重要作用。

本書適合對中國古代史、中日關係有興趣者及相關研究者閱讀使用。

責任編輯：劉　江　　　責任校對：韓秀天　　　動態排版：賀　天
特約編輯：鐘良燦　　　責任出版：劉譯文

圖書在版編目（CIP）數據

嘉靖禦倭江浙主客軍考/黎光明著.—北京：知識產權出版社，2014.8
（民國文存）
ISBN 978-7-5130-2869-1

Ⅰ.①嘉⋯　Ⅱ.①黎⋯　Ⅲ.①抗日鬥爭—軍事史—華東地區—明代　Ⅳ.①E294.8

中國版本圖書館 CIP 數據核字（2014）第 170595 號

嘉靖禦倭江浙主客軍考
Jiajing Yuwo Jiangzhe Zhukejun Kao

黎光明　著

出版發行	知識產權出版社 有限責任公司		
社　　址	北京市海澱區馬甸南村1號	郵　　編	100088
網　　址	http://www.ipph.cn	郵　　箱	bjb@cnipr.com
發行電話	010-82000860 轉 8101/8102	傳　　真	010-82005070/82000893
責編電話	010-82000860 轉 8344	責編郵箱	liujiang@cnipr.com
印　　刷	保定市中畫美凱印刷有限公司	經　　銷	新華書店及相關銷售網站
開　　本	720mm×960mm　1/16	印　　張	11
版　　次	2014年9月第一版	印　　次	2014年9月第一次印刷
字　　數	131千字	定　　價	40.00元

ISBN 978-7-5130-2869-1

出版權專有　侵權必究
如有印裝質量問題，本社負責調換。

民國文存

（第一輯）

編輯委員會

文學組

組長：劉躍進

成員：尚學鋒　李真瑜　蔣　方　劉　勇　譚桂林　李小龍
　　　葉　曄　吳冠文　鄧如冰　金立江　張新贊

歷史組

組長：王子今

成員：秦永洲　張　弘　李雲泉　李揚帆　姜守誠　吳　密
　　　姜　鵬

哲學組

組長：周文彰

成員：胡　軍　胡偉希　彭高翔　干春松　楊寶玉

出版前言

　　民國時期，社會動亂不息，內憂外患交加，但中國的學術界卻大放異彩，文人學者輩出，名著佳作迭現。在炮火連天的歲月，深受中國傳統文化浸潤的知識份子，承當著西方文化的衝擊，內心洋溢著對古今中外文化的熱愛，他們窮其一生，潛心研究，著書立說。歲月的流逝、現實的苦樂、深刻的思考、智慧的光芒均流淌於他們的字裡行間，也呈現於那些細緻翔實的圖表中。在書籍紛呈的今天，再次翻開他們的作品，我們仍能清晰地體悟到當年那些知識分子發自內心的真誠，蘊藏著對國家的憂慮，對知識的熱愛，對真理的追求，對人生幸福的嚮往。這些著作，可謂是中華歷史文化長河中的珍寶。

　　民國圖書，有不少在新中國成立前就經過了多次再版，備受時人稱道。許多觀點在近一百年後的今天，仍可說是真知灼見。眾作者在經、史、子、集諸方面的建樹成為中國學術研究的重要里程碑。蔡元培、章太炎、陳柱、呂思勉、錢基博等人的學術研究今天仍為學者們津津樂道；魯迅、周作人、沈從文、丁玲、梁遇春、李健吾等人的文學創作以及傅抱石、豐子愷、徐悲鴻、陳從周等人的藝術創想，無一不是首屈一指的大家名作。然而這些凝結著汗水與心血的作品，有的已經罹於戰火，有的僅存數本，成為圖書館裡備受愛護的珍本，或成為古玩市場裡待價而沽的商品，讀者很少有隨手翻閱的機會。

鑑此，為整理保存中華民族文化瑰寶，本社從民國書海裡，精心挑出了一批集學術性與可讀性於一體的作品予以整理出版，以饗讀者。這些書，包括政治、經濟、法律、教育、文學、史學、哲學、藝術、科普、傳記十類，綜之為《民國文存》。每一類，首選大家名作，尤其是對一些自新中國成立以后沒有再版的名家著作投入了大量精力進行整理。在版式方面有所權衡，基本採用化豎為橫、保持繁體的形式，標點符號則用現行規範予以替換，一者考慮了民國繁體文字可以呈現當時的語言文字風貌，二者顧及今人從左至右的閱讀習慣，以方便讀者翻閱，使這些書能真正走入大眾。然而，由於所選書籍品種較多，涉及的學科頗為廣泛，限於編者的力量，不免有所脫誤遺漏及不妥當之處，望讀者予以指正。

目　錄

柳翼謀先生序 ··· 1

自序 ··· 2

上編 ··· 5

　　因沿海衞所之軍腐敗—故不能不調客軍禦倭—
　　　當日調到客軍之概況—客軍統制方法之建議—
　　　客軍擾害之一班—停止調兵之時論—
　　　團練鄉兵之辦法與成效—軍餉之籌支與辦理之人物 ········· 5

下編 ··· 39

　（一）狼兵 ··· 39
　　　田州—南丹—東蘭—那地—歸順等處之狼兵 ················ 39
　（二）土兵 ··· 50
　　　永順—保靖—容美—桑植—麻寮—鎮溪—大剌之兵 ········ 50
　（三）北方兵 ·· 65
　　（甲）徐—邳—廬—宿—潁—亳—淮—泗—沛—靈璧之兵 ··· 65
　　（乙）山東長槍手—青州—沂州—兗州等處之兵 ··············· 69
　　（丙）河南毛葫蘆兵—睢陳二衞兵—彰德兵—礦夫及角腦兵 ··· 76
　　（丁）邊兵—河朔兵—順天、保定民兵—山西箭手—河間兵 ··· 80

i

（四）南方兵 ·· 85
  （甲）陳元正—焦希程—曹克新—劉顯等所督率之川兵 ·········· 85
  （乙）廣兵—東莞打手—兩廣水兵之類 ································ 88
  （丙）閩兵—漳州—泉州—上杭等處之兵 ···························· 89
  （丁）浙江處州兵及坑兵—湖兵—義烏兵及其他（附皖軍等）······ 92

（五）僧兵 ·· 98
  萬表—吳巒宣—韓璽—任環—盧鐘等督率之僧兵 ·················· 98

（六）水軍 ·· 109
  吳宗德—湯克寬—楊芷—俞大猷—鄭曉等之用以禦倭者 ······ 109

（七）其他雜軍 ·· 117
  （甲）家丁—家兵—親兵 ·· 117
  （乙）打手—打生手—打生弩手—殺虎手—
      鈎刀手神槍手—鎕篙手—快手等 ································ 121
  （丙）鹽徒—竈勇—沙兵—耆民兵 ·································· 124
  （丁）各文職官如譚綸—董邦政—羅拱辰—武暐—
      章道明—劉畿—方轂—蔡本端—萬鵬—林東伯—
      宋繼祖—張冕—劉泉—閻士奇—喬登—張格父子—
      杜槐父子—王沛叔姪等之督民兵禦倭者 ···················· 130
  （戊）各儒生民衆如周大章—潘蔚卿—龔良相—謝志望—
      胡夢雷—金應暘—戎良翰—林田—陶治臣—汪較—
      張涓—周伯—曹袚—柴秋—姚思敬—
      張元愷等之奮勇禦倭者 ·· 135
  （己）狀元兵—公子兵—忠孝軍—商兵—
      馬兵—教師—腳兵—丐者—邱將軍歌—丁壯士詩 ······ 139

附錄 ·· 145

目　錄

　　嚴家兵考 …………………………………………………………… 145

編後記 ……………………………………………………………… 155

柳翼謀先生序*

　　往為倭寇事輯，以吾蘇為限；緣省志載倭寇事漏畧不完，故鈎稽羣書，備修志者之擷摭，事聯他省，率從刊落，而倭患之棘，遂不能詳述顛訖。竊冀海內學者，踵余書為之，庶使備倭者，從史跡窺其全，而得所鑑戒焉。今夏，黎生光明自蜀入燕，道白門，過我山樓：述年來勾輯倭寇史料甚富，將整比以問世，余甚嘉之。近以《嘉靖禦倭江浙主客軍考》印之學報，郵寄南中，則所採資料，既溢於余稿，而條比縝晰，尤合於戰史之義法；來書謂嗣此且為倭寇事輯五編，縱自洪永迄隆萬，橫自遼齊及閩粵，度以來歲卒業，其志之專且偉，實副余所期矣。經制之兵，不能應變禦侮，事出非常，則召募烏合之徒，徵集異地剽悍奔突不習風土之衆，以蘄一逞，敵未摧而民已敝。然後始加意於訓練，或濟之以詭謀，僥倖成功，仍不知即全國之額兵，砥淬而更革之。重以事變，則必出於賄敵媚仇，取一切苟偷之策，以愚蒸黎而存旦夕，此明清之已事然也。至軍制無定，惟據地竊柄者所為，而其瘝敝縱暴，尤甚於疇曩之額兵，乃冀幸其摧強敵，固國防，豈不悲哉！豈不愼哉！因生書聊識所感以復之。

癸酉冬十月鎮江柳詒徵

＊原版為"柳序"，據原版"目錄"改。——編者註

自序

民國十二年度，時余肄業於南京東南大學，聽柳翼謀師講授日本史，即著手研究倭寇問題，於學年末，著一論文曰《明代倭寇之研究》，蒙柳師加以好評，認為"甲上"之作。後轉學於廣州中山大學，交與顧頡剛師閱後，即囑余繼續研究，並時為介紹參考書籍。再後則傅孟真師使余任助理員之職於中央研究院歷史語言研究所中，更得有多方收集材料之機會，乃能編撰成書：此皆余所應加感謝者。"九一八"事變發生，研究此問題者日益有人，而余則先已因事回川，反擱置二年之久。暑期出川，即立志完成之，以償夙願。道出南京，拜晤柳師，商榷體例，多所獲益；而《江蘇明代倭寇事輯》一文，對余亦多啟發，此書既加以引用，柳師又賜以序文，此尤余所感激者也。書名係洪煨蓮先生所決定者，亦並此誌謝。

此書之作，只注重於調遣軍隊，他如軍餉之類，本不欲求完備，故如《實錄》卷四百四十三云：

三十六年正月甲申，總督侍郎胡宗憲請於浙江提編明年均徭及明年里甲，以濟海防。從之。

初亦忽略，今補錄之於此。至於各方志之所載者，則既詳略不一，又懼喧賓奪主，擬他日另作《明代江浙賦稅之研究》一文以敘述之，故現從省略。又如僧兵之類，本意求詳盡者，然《同治上海縣志·雜記遺事》中有云：

禦倭牆在法華鎮，王氏始遷故居。——明代倭寇竊發，從吳淞江來，法華王氏，屢受其患，乃於庫樓西南角上垛女牆，高五尺有奇，蔽壯僕於內，倭至輒以石子擊走之。會倭冒盾而進，處士士鳳持械拔關出禦，奪刀，斷四指，血濺堊壁，歷久不殷。處士固勇敢，不為所傷。後募少林僧為助，屢創之，倭不復至。今牆及石子尚存，子孫屢新其居，不敢改置，誌祖功也。

雖事無關重要，甚或僅係傳說，然亦似應加以補錄，以見僧兵之被人重視。至於"其他雜軍"一段，實無法而亦無須求詳盡者，如《象山縣志》云：

三十一年秋，賊入東溪，鄉民厲敬爵率家兵十餘人拒之，斬賊二人。

如此類者，皆多被略去，茲所述者，不過示例而已，故事實亦未求詳。書中所記之事，多在嘉靖三十年至四十年間，今為作一中東西及甲子對照表，以便參考：

嘉靖	甲子	民國紀元前	日本年號	約當西曆
三十年	辛亥	三六一年	後奈良帝天文二十年	一五五一年
三十一年	壬子	三六〇年	天文二十一年	一五五二年
三十二年	癸丑	三五九年	天文二十二年	一五五三年
三十三年	甲寅	三五八年	天文二十三年	一五五四年
三十四年	乙卯	三五七年	宏治元年	一五五五年
三十五年	丙辰	三五六年	宏治二年	一五五六年
三十六年	丁巳	三五五年	宏治三年	一五五七年
三十七年	戊午	三五四年	正親町帝永祿元年	一五五八年
三十八年	己未	三五三年	永祿二年	一五五九年
三十九年	庚申	三五二年	永祿三年	一五六〇年
四十年	辛酉	三五一年	永祿四年	一五六一年

又書中所引用之實錄，係以干支紀日，而各方志，則多以數目紀日，為便於對照起見，故再作一月朔表附錄於下：

年	正月	二月	三月	四月	五月	六月	七月	八月	九月	十月	十一月	十二月	閏月
辛亥	己丑	己未	己丑	己未	戊子	戊午	丁亥	丙辰	丙戌	乙卯	乙酉	甲寅	
壬子	甲申	癸丑	癸未	壬子	壬午	辛亥	辛巳	庚戌	庚辰	己卯	己酉		
癸丑	戊寅	戊申	丁丑	丙午	丙子	乙巳	乙亥	甲辰	甲戌	癸卯	癸酉		三月丁未
甲寅	壬寅	壬申	辛丑	辛未	庚子	庚午	己亥	己巳	戊辰	戊戌	丁卯		
乙卯	丁酉	丙酉	丙申	乙丑	甲午	甲子	癸巳	癸亥	癸巳	壬戌	壬辰	辛卯	十一月壬戌
丙辰	辛酉	庚寅	庚申	己丑	戊午	戊子	丁巳	丁亥	丙辰	丙戌	丙戌	丙戌	
丁巳	乙卯	乙酉	甲寅	甲申	癸午	壬子	壬巳	辛亥	辛辰	庚戌	庚戌	庚辰	
戊午	庚戌	己卯	己酉	戊寅	戊申	丁丑	丙午	乙巳	甲戌	甲辰	甲戌	癸卯	七月丙子
己未	癸未	癸卯	癸酉	壬寅	壬申	辛午	庚子	庚巳	己巳	戊辰	戊戌	戊戌	
庚申	丁卯	丁酉	丁卯	丙申	丙寅	乙丑	甲午	甲子	癸巳	癸亥	壬辰		
辛酉	壬戌	辛卯	辛酉	庚寅	庚申	己未	己丑	戊午	戊子	丁巳	丁亥	丙辰	五月庚寅

　　書中難免無缺誤之處，海內學者，如賜指教，尤竊所願聞焉。

　　　　　　　　　　　　　　　　　　　黎光明時寄居於北平成府

上編

因沿海衞所之軍腐敗—故不能不調客軍禦倭—
當日調到客軍之概況—客軍統制方法之建議—
客軍擾害之一斑—停止調兵之時論—
團練鄉兵之辦法與成效—軍餉之籌支與辦理之人物

明以武功定天下，革元舊制，自京師達於郡縣，皆立衞所，外統之都司，內統於五軍都督府（《明史·兵志》）。至于沿海地方，則因防禦倭寇關係，設置尤為完善，陳仁錫《皇明世法錄》所載團練軍民兵哨守議云：

國初，懲倭之詐，緣海備禦，幾于萬里。其大為衞，置軍四千六百四十人；其次為所，置軍一千一百餘人；又次為巡簡（檢）司，置弓兵百人，少亦不下數十人。有數百料大船，八櫓哨船，若風尖快船，高把哨船，十槳飛船，凡五等。至如定海昌國，貢道所經，切近彼島，則船數倍蓰他處。而以時出哨，各有限準：如三月為頭哨，四月為二哨，五月為三哨，號大汛；至六月收港避風，及秋七八九月亦如前，為小汛；汛畢回衞休息，責令各取印信到單海物為驗。若至各港次羇所，則又設有水寨營柵以止舍之，而統以指揮千百戶鎮撫，總以閫職，督以憲臣。而歲久人玩，遂別募以充，遠徵以禦，改造巨艦，一切從宜，而舊法因廢不講矣！

是明初設備甚為完善，而後世逐漸腐化，據《揚州府志·兵志》云：

正統後，軍政日益廢弛，丁力困於誅求，而田屯苦於兼并，諸衛軍隸尺籍者，相率逋逃，亡耗居半。其僅存者，亡慮皆枵腹窶人，倚月糧以餬其口，又不以時給；即力稍自贍，又不能當轉餉更戍無已之役，與武弁婪者之日朘月削也。雖歲有清軍勾補及屯政倉政諸令甲甚嚴，而弊蠹叢生，莫由究詰，衛所軍之不可以復驅即戎，無論淮以南，即天下猶是矣。

而《寧波府志·海防》亦云：

又況永樂以後，狃習承平，武備日弛，軍官世職，多未經戰陣，而衛所之旗軍，日就銷亡，又何怪王直勾倭一入，而沿海諸郡邑皆被其蹂躪也哉！

故衛所軍之不堪禦倭，尤以嘉靖時為甚，據《乍浦志》所引《海鹽圖經》云：

嘉靖中，海船廢盡，馬額亦減——舊百五十四匹，傳遞塘報，減存二十——武備衰耗極，而倭變適大作！

此等弊病，後來主調客兵以禦倭寇之張經等亦所熟知，《明世宗實錄》卷四百一十云：

三十三年五月庚子朔，南京兵部尚書張經等言：國初洪武間，以倭夷不靖，遣信國公湯和經略海防，凡閩浙濱海之區，陸有城守，水有戰船，故百餘年來，寇不為害。其後法弛弊生，軍士有納料放班之說，於是強富者散遣，老弱者哨守，戰船損壞，亦棄不修，以致寇得乘之而入。請行各處巡撫，嚴督所屬，預集兵船，以守要害；追補納料軍士，以實行伍；清理積歲料銀，以造戰船。

下兵部議覆，從之。

加以江南人素柔軟，而有司又多弊端，《皇明世法錄·本朝備倭通貢考》中有云：

江南人素柔軟，賊未登岸，望風奔潰。文武大吏，未能以軍法繩下，而有司往往以軍法脅持富人，巧索橫斂，指一科百，師行城守，餉犒百功（物），類多乾沒，十不給一。廉謹之士，又謂南人善謗，低頭束手，不敢動一錢。於是公私坐困，戰守無策。

賊知我兵怯，肆志無忌（《江南經畧》語），又偵知沿海武備甚弛，遂數數入寇（《上海縣志》語），即本非願為寇者，見官兵易走，乃亦上岸而掠矣，此可以《太倉州志》所載之事實證之：

嘉靖三十一年春，倭掠沿海州縣。秋，海上報倭船分犯吳淞所七鴉港崇明沙。在吳淞者，殺百戶馮舉宗元爵隊長屈倫，官兵獲二賊，乃中國亡人。七鴉民楊氏執倭十餘人，亦惟婦女四五為真倭。在崇明者，人不滿百，饑且困。有巡簡（檢）紿之曰："棄爾兵，則與爾糧。"賊投刀海中，執二十餘人，自言船主龔十八與倭通販，逢惡風飄入朝鮮，朝鮮人襲之，死戰得脫；風便，七日至此，本非為寇，見官兵易走，乃上岸掠耳。

此種情形，不獨嘉靖三十一、二年間，倭寇初先大舉入寇時者為然，即屢經創痛，而遲至三十八年時，亦仍有不敢作戰之現象，此則可用鄭若曾《江南經畧》卷三下《崇明縣倭患事蹟》中所載唐順之事以證之：

公至太倉，各官兵猶豫不進。公曰："我兵若不渡海滅賊，賊必渡海衝我內地，勢不兩立也！"……乃督總兵盧鏜等以行……我兵得盡登岸……沙地七十餘里，悉為我據；賊之所據，僅五里而已。然賊多智而猛，我兵常怯之。沙中大家，又有為賊奸細，反揚賊勢，恐怖我軍者。公督各官兵逆戰，賊從濠後築土垣，貫茅竹，潛覘我軍至，即從竹筒中發銃箭，我軍莫能近。公令人舁銅發熕佛郎機擊賊，賊舞刀而出，眾棄火器走。公怒欲斬諸禆將。諸禆將曰："兵不敢敵，非將之罪也！"公不信，親率諸將履陣，兵望敵皆潰，棄諸將與公弗顧，諸將策公馬夾擁而旋。公巡各營諭曰："若等不受節制，我知之矣！誅之，不可勝誅；逃之，不可勝捕也。吾欲處汝無難：編隊為冊，更番而調，敢有棄頭目走者，查其該隊，行令原籍有司，追口糧，囚家屬，梟爾之首，爾能逃乎！"三軍痛哭訴曰："逃非本願，見賊遞魄耳！"公問其故，曰："不嫻武藝也！"公曰："奚而為兵乎？"曰："向來官兵不戰罔罪，故應募以規儋石之需；今欲實戰，不如願已！"公曰："惡！是何言也！小民出銀豢汝，為捍患耳；縱賊殃民屢年，我不爾殺，方用爾一戰，而猶弗諾乎！"三軍號泣不已；或訴鹹潮蒸熱，瘴癘傳染。公曰："從征而歿，爾之分也！爾等茹苹，通計不過三千人；若縱汝還，則賊亦過海，海西各郡生靈，並罹鋒鏑，彼何辜乎？我今但用爾圍賊，毋容賊走，而另請勁兵於總督胡公，兵至，即換汝矣！"眾大悅，遂相與戮力，困賊沙上，賊不得逞……至於搗巢之舉，則我兵素怯，須別選精兵，俟隙圖之耳。

是則賊不願寇而寇，兵不願逃而逃，皆因沿海衛所腐敗之所致者。即欲加以訓練，亦非短期所能收效；而寇多兵少之日，欲相顧而協剿之，仍非調請客兵不可，此誠有如《籌海圖編》議調募之所云然者：

丹陽邵芳云："練本地之兵，但可為本處防守而已，不能追剿大敵也。欲追剿大敵，須調客兵。何也？土兵習知地理，顧戀桑梓，故選而練之，可為常計。若別省有事，欲望隣省之民，團作一處，協力以拯之，能乎不能乎？且如往年徐海陳東輩，領寇數萬，壓境而來，蘇松杭嘉各自保不暇，其能相顧而協剿乎？故練土兵與調客兵，不可偏廢。"

是則調客兵以禦倭，固有不容已者；而嘉靖間在江浙禦倭士兵種類之複雜，則亦非當時人初料所能及者耳。

衛所之軍，既不堪用以禦倭，時人論補救之策，計有三種：曰調客兵，曰練鄉兵，曰募土著之兵（據《籌海圖編》所舉）。當日可調集客兵之種類如何，則鄧鐘《籌海重編》引有都督俞大猷身經目擊之談，自富有史料價值。其言曰：

東南各省地方，原有可調之兵：如山東有長竿手，河南有毛葫蘆，浙江有金處台，福建有漳泉，廣東有新會、東莞，江西有安遠、龍南，湖廣、四川、貴州、雲南、廣西各有土官兵；每遇巨盜生發，就近徵調三二萬眾，隨檄而集。且各省地方，原有可用之器，如長竿手慣用長竿諸器，毛葫蘆慣用短鎗諸器，金處台慣用狼筅竹鎗諸器，漳泉慣用藤牌標鎗諸器，新會、東莞慣用長牌砍刀諸器，安遠、龍南慣用大旗長鎗諸器，土官兵慣用鉤刀鏢牌藥弩木矛諸器；一遇調募，各挾慣用之器而來。又如海上之戰，廣東有烏船橫江船，福建有尖艚白艚船，浙江有八槳蒼山船。近因地方多事，雖各預造在官，遇有大警，官造者不足用，復刷之民間，亦各應期而至。故每藉其器與船以成功，此皆身經而目擊之也。

而唐順之《武編前集》卷一所述者，亦幾係當日調至江浙禦倭之兵：

北直隸長箭手，真保達兵，山西白捧手，河南嵩山礦徒，毛葫蘆兵，少林僧兵，徐邳鹽徒，青州長鎗手，沂州沙家兵、竿子手，廣東藤甲軍，處州坑兵，漳州倉兵，上杭賴家兵，廣西狼兵，湖廣土兵。

如以海鹽一縣而論，當客兵最多時，計有下列各種：

坑兵，處州守銀坑之兵，劉大仲嘗統五百人守鹽，屢有戰功，後敗歿。邳兵，參將湯克寬家丁也，守城卻敵，甚得其力，時凡三百人。漳兵參將盧鏜張鈇部下皆有之；倭中多漳人，戰時，兵有與賊通敗事者。廣兵，三十五年調至，守鹽一千二百人。山東兵，故老言三十四年嘗調至，宿城外，掠姦索食，不減于賊。廣西田州狼兵，亦三十四年調至，土婦瓦氏率之過鹽，進搗金山賊，失利而歸。廣東烏尾橫江船，較福船尤大，三十五年調一百八十艘分撥直浙海洋，未詳鹽派若干。此外又有湖州水兵，指揮徐行健所統有四百人，然用之陸戰不可曉。（《乍浦志》引《海鹽圖經》）

是已可見嘉靖間在江浙禦倭士兵之大略矣。

請調客兵禦倭，似始於巡撫應天都御史彭黯與巡按御史陶承學等，《實錄》卷三百九十九載其事云：

三十二年六月壬辰，巡撫應天都御史彭黯，巡按御史陶承學等言：倭勢日熾，非江南脆弱之兵，承平紈袴之將所可辦者，請得以便宜調山東福建等處勁兵，及勅巡視浙江都御史王忬督發兵船，犄角攻剿。疏下，兵部覆：山東陸兵不嫻水鬭；福建海滄月港亦在戒嚴，豈能分兵外援？宜令黯等就近調處州坑兵一二千名，仍隨宜募所屬瀕海郡縣義勇鄉夫，分布防禦，並請命王忬互相應援……上允之。

是當時請調山東、福建之兵，尚遭拒絕。但兩月後，南京御史宋賢言五事，其第四事亦係請調兵者，《實錄》卷三百四十一云：

三十二年八月壬寅，南京御史宋賢言五事……四，募土人習水者為篙師，有功者為戰卒，仍調溫處坑兵或山東長槍手，有警則隨機策應，無事則分頭教習……兵部議覆，上多採行之。

三十三年五月，朝議以倭寇猖獗，設總督大臣，命南京兵部尚書張經解部務，總督江南、江北、浙江、山東、福建、湖廣諸軍，便宜行事，經徵兩廣狼土兵聽用（《明史·張經傳》）。其後張經上疏亦言奏調狼土兵事，據《實錄》卷四百二十四云：

三十四年七月丁巳,總督直隸、浙、福軍務右都御史張經逮繫至京,詔下法司議罪。經上疏自理曰:"臣自昨歲十一月受總督之任,於時倭方盤據拓林川沙窪,其衆且二萬餘,吳會民兵脆弱,無可制禦,臣乃奏調田州、東蘭、那地、南丹、歸順等州狼兵五千名,永順、保靖二宣慰司土兵六千名,蓋欲合力併勢,為必勝之算爾。"

是狼、土兵之來,乃張經所奏調者,而谷應泰《明史紀事本末》則云:

三十一年秋七月,廷議復設巡視重臣,以都御史王忬提督軍務,巡視浙江海道及福興、漳泉地方。忬巡撫山東,聞命即日至浙,度所至軍府皆草創,而浙人柔脆不任戰……乃任參將俞大猷、湯克寬為心膂,徵狼、土諸兵,及慕溫台諸下邑桀黠少年,分隸諸將,布列瀕海各鎮堡,嚴督防禦,浙人恃以無恐云。

又云:

三十三年三(?)月,以南京兵部尚書張經總督浙、福、南畿軍務——時朝議方徵狼土兵勦倭,以經嘗總督兩廣有威惠,為狼土所戴服,故用之。

以徵狼土兵屬之王忬與朝議,似屬錯誤。觀三十三年七月起白泫及鄒繼芳往調狼兵事(見下編),《實錄》亦謂從總督張經奏,則知其議實出之於經也。故其後狼兵一遭挫敗,趙文華即用以罪經,經遂被逮論死。然狼土兵實服經威名,經被逮,衆志即泮渙。代經者周珫、楊宜皆庸駑,非濟變才,且受制於趙文華、胡宗憲。由是倭患日新,而狼土兵復為地方所苦,東南事愈不可為矣!(《實錄》卷四百二十二中語)

當時固亦有反對調發者,如南京御史屠仲律即指出其十弊。《實錄》卷四百二十二云:

三十四年五月壬寅,南京、湖廣道御史屠仲律條上禦倭五事……

四"議調發"：近日徵調各處兵民，遠近四集，徐邳、山東、永保、川廣及軍門編調各府義勇，無慮數萬。然師老財殫，竟不見膚功之奏者，臣請將指揮諸臣不善用兵之弊陳之：夫古者用兵，潛機密計，電馳霆擊，進退倏忽，妻子莫聞，所以能有成功也；今則先發後行，尅期始動，前軍未啟，而先聲已聞，其弊一也。古者名將算不百勝，不敢輕動；今也謀不預成，計不先定，冥行突進，動陷伏中，其弊二也。守不據險，屯不列要，奔急救難，賊逸我勞，其弊三也。兵法曰："夜戰聲相聞，足以相救，晝戰目相見，足以相識，懽愛之心，足以相死"，言兵之貴熟也；今也兵不專一，主客雜聚，卒遇狡賊，易衣變飾，突然來前，不能別識，其弊四也。兵無素統，將不預設，一遇有警，卒然命官，本以烏合之人，帥以未經識之將，其弊五也。夫三軍之眾，所以冒白刃，蒙矢石，至死而無敢却顧者，咸行之素也；今法令姑息，紀律不肅，進有必死之恐，退無伏鑕之慮，是以畏敵而不畏將，其弊六也。地形不習，險易不識，趨利不及，避難不早，其弊七也。糧糗不儲，料理不周，遠兵勞役，撫恤未至，枵腹待饟，窮愁思歸，其弊八也。士不精選，勇怯無辨，前擊後解，譁然而散，雖悍夫勇士，或以無援而力屈，或見先奔而膽喪，其弊九也。地狹人眾，不能旋轉，互相排擠，雖有勇敢，無以效其所長，其弊十也。十弊不去，雖頗牧操刃，賁育執戈，莫能濟矣！近日汀州如賴百戶兵敢死先登（見下編），足當一戰，而以不善用之，使頭領陣亡，軍士逃避，如此，則徵兵雖多，亦何益哉！夫賊非有遠略大志，約束號令，不過羣聚為姦，利在貪淫耳；所以制禦之，則非兵少之憂，而實寡算之患。蓋欲防盜者，必知盜情；欲制盜者，必怵盜心。故必詳謀而熟計之，然後成功可期也。

然倭患仍熾，故巡按御史周如斗仍請調精兵，《實錄》卷四百二十三載其疏報云：

三十四年六月乙亥，巡按直隸御史周如斗疏報：蘇松舊倭去者未盡絕，新倭來者益眾……新舊之寇，勢合而益張，主客之兵，力分而益寡，請更調發精兵，協濟軍餉，責諸臣以討賊必效……兵部議：請令督撫周珫遵前議，增調兩廣及湖廣精兵，仍令盧鏜親詣處州選兵，更於四川松潘等處選官民鄉勇羌土諸兵，並赴浙直軍門，併力破賊。上曰："近日江南調至狼土諸兵，不為不多，督撫官遲疑觀望，不能進剿，養寇遺患，以致新賊繼至，合勢愈熾，又欲增調各兵，不過假此遷延歲月，奚有實心平賊之忠！今姑從所擬施行，若又師久無功，珫等罪不赦！"

但精兵難得，而已調發至者多無功績，故請調精兵之周如斗，不久即請停止徵兵之令矣。《實錄》卷四百二十七云：

三十四年十月壬午，巡按直隸御史周如斗言：方今蘇松流突之寇已殄，屯聚之寇其勢已孤，諸軍宜乘勝併力，滅此餘燼，不宜遷延養寇，使巢成穀登，新倭代至，復致曩者柘林之患。且近日直隸斬獲，悉本地鄉兵之功，其狼苗二兵，自浙江敗衂後，一無足用。苗兵前猶有王江涇婁門之捷，若狼兵則徒擾地方，無纖毫戰守力。至于川兵，雖未見可用與否，第萬里趨調，東西異宜，恐亦未足恃也。近起用原任總兵何卿、沈希儀（見後），以其知兵，令督率川廣調至之卒，展力取效；顧皆昏眊衰愞，一籌莫措。近日功捷，二人者絕無所與；將焉用之？請罷遣二臣，並停徵兵之令，申飭督撫諸臣，督勵鄉勇，亟除殘寇。上曰："地方殘寇未靖，令督撫等官，速計剿絕。卿及希儀令革職回衛閒住。"

惟周如斗雖請停徵，而上未如其意。其後給事中夏栻與總督楊宜又再請調募客兵，《實錄》卷四百二十八載其言云：

三十四年十一月壬寅，兵科給事中夏栻言："方今備倭曰'徵調客兵，團結鄉兵'，二者而已。項議者患客兵驕悍罷遣之，而寇在門庭，鄉兵未即可用。臣謂宜練土著為經久之計，暫借客兵為摧陷之資。今狼土、松潘之兵，勢遠難制，可無再調；莫若選調保定、山東、漳泉等兵，統之良將，以備戰守。"會總督楊宜亦言："土兵未可遽恃，請募浙直義勇，山東箭手，及浙直、福建、湖廣衛所漕運官軍，廣東戰艦兵勇，赴軍門聽用。"疏俱下兵部議：福建、江北、湖廣遠者不可調，其永保宣慰土兵用之已效者，仍聽徵發；餘如所請。從之。

南京給事中朱文漢且以罷遣客兵為非計，《實錄》卷四百三十載其疏云：

三十四年十二月己亥，南京戶科給事中朱文漢以罷遣客兵……為非計，乃上疏言："周浦川沙窪倭賊新舊合夥，而民兵柔脆，不足以當黠寇，宜仍調客兵剿捕。"

然兵雖多而楊宜駕馭無策，後為趙文華所中傷，遂竟以此去職，據《實錄》卷四百三十二云：

三十五年二月己亥，罷總督南直隸、浙、福軍務，南京兵部右侍郎楊宜。宜闇淺無大略，不足應變。時海警甚熾，徽川、廣、湖、貴及閩、浙、河南、山東之兵畢集，宜袖手無一策。且懲於張經之敗，諂奉趙文華，極其卑悃，故文華雖厭薄之，然而不怒也。時文華與胡宗憲私厚，亟欲以宗憲易宜。正月中，文華入京，上諭大學士嚴嵩問文華南寇始末。文華即昌言：寇起時苦無兵，今徵兵四集，所苦督撫非人，不能調度，請罷宜，以宗憲代之。上深以為然，謂嵩曰："宜當亟更，再歲月之延，不無悞事。"部覆請戒諭宜，令圖後效，特詔罷之。

其時雖兵已多，而調遣未停，故四月丙午，且有"詔總督胡宗憲亟圖剿寇方略，各處調兵，巡撫官有留滯不發者，罪之"之事（《實錄》卷四百三十四）。其後倭寇江北，南京兵部尚書張鏊等亦請調客兵，《實錄》卷四百三十五云：

三十五年五月壬戌，南京兵部尚書張鰲，巡撫鳳陽都御史陳儒，各奏倭寇突入淮揚，焚運船民舍，漸逼南都，乞速調客兵應援。兵部議覆，從之。

同時因巡按御史趙孔昭奏，遂勅兵部右侍郎沈良才督兵禦倭，《實錄》仝卷中❶云：

三十五年五月壬戌，勅兵部右侍郎沈良才兼都察院右僉都御史，督兵至浙江等處禦倭。先是巡按浙江御史趙孔昭奏：新舊倭賊合黨，流突浙之東西，勢甚猖獗，請簡命才望大臣一員，督兵應援兩浙，且為南京保障。下兵部覆議：遂命良才往。良才辭行，因陳便宜三事：一，"處調募"：謂本部原議調河南睢陳兵二千，募民兵一千，陝西銀兵三千，借兩淮鹽銀募徐邳民兵三千（按：《明史紀事本末》謂"請調河南睢陳，山東入衛，陝西延綏兵，及徐沛募兵"，與此稍異）。但陝西銀兵道遠不能卒至，又未有將領，宜用兵備參將各一員統之。睢陳存留之兵，分隸各衛已久，勢難遽集，請暫以參將所部入衛民兵代之。聽調兩淮鹽銀齎至徐邳召募，道里頗遠，宜借用太僕寺馬價銀三萬兩，隨催鹽銀補還。若徐邳壯卒不及三千之數，當量募山東兵補之……俱從之。

良才尚未成行，而趙文華已自請視師，上遂改任之矣。前後兩命，相差不過二日。《實錄》卷四百三十五云：

三十五年五月甲子，命太子太保、工部尚書趙文華兼都察院右副都御史，提督浙直軍務。初，文華言殘倭無幾，旋常清蕩。已而海警屢至……倭患日甚，浙之東西，江之南北，攻城殺將，羽書日夕數至。於是部議遣大臣督兵往援，業已命兵部侍郎沈良才矣。上復諭大學士嚴嵩以南地人事物情再問文華，令備細以實對。嵩知上覺其欺，詞窮且

---

❶ "仝卷中"不通，引文見《明世宗肅皇帝實錄》卷四百三十五。——編者註

見譴，乃令文華自以其意請復視師，嵩從中為言良才不勝任，江南人引領俟文華至，宜仍遣督察，則諸臣不敢欺蔽，寇滅可期。上遂止良才勿行，令文華即往提督軍務，賜勅遣之。

此次調兵種數，采九德《倭變事略》言之尤詳而異，且謂易督遣師，皆生員徐藻疏請所致，則實為溢美之談。其文云：

軍門復題請師，謂千里之外，島嶼之間，情難遙度，倭寇復來，勢倍於前，朝廷擬遣將發兵。適吾鹽（按：係海鹽）生員徐藻，父為鉛山教諭，避寇死外，抱恨抵京，乞師勦賊。疏入，內閣義之，召見焉。蓋五月六日（按：係"癸亥日"，誤）也。明日，朝廷特遣工部（按係"兵部"之誤）侍郎沈公良才視師南勦。將行，徐藻以趙通政客歲有祭海督勦之行，乃疏請以趙易沈，朝廷從之，乃改勅趙南行。隨調京營神鎗手三千名，涿州鐵棍手六千名，保定箭手三千名，遼東義勇衞虎頭鎗手三千名，河間府義尖兒手三千名，德州兵備道民兵三千名：已上雄兵六枝，咸從德州上船，由運河而來。臨清曹濮二道團操快手兵三千名，亦由運河而下。河南夏時統領毛葫蘆兵三千名，河南睢陳兵備道團操馬軍三千名，漢中府礦徒三千名：已上雄兵六枝，由汴河下船而來。定、保二司兵三萬，容美等司兵一萬，由陸路進發。合各地主客兵共二十萬。時諸百執事，統兵參遊等官，運給兵餉，紀錄軍功，各司郎署及轅門幕客，中軍參謀，不知凡幾。而趙侍郎銜命既至，會同總督胡公，巡撫阮公，咸駐節嘉興，軍聲大振，諸賊聞之，惶怖憂懣。

其後沈莊搗巢，誅死陳東、徐海等輩，即賴此各路兵力，故馮汝弼《當湖剿寇紀事》所記兵數，亦即與此相同云。是年冬，土兵、狼兵舊者雖已遣歸，而川貴所調麻寮大刺鎮溪桑植兵六千始至（《明史·俞大猷傳》）。及至嘉靖三十八年，《籌海圖編·紀淮揚之捷》篇，尚記有如下之各種士兵：

己未（按即三十八年），賊萬衆連艘，分道幷入，中外震恐，時四月一日也……提督都御史李公遂……身當泰州之衝，而以黃橋西路責劉景韶等。賊求戰不得，進據丁堰，丘陞從河北縱火焚之，邊兵衝入賊營，毛葫蘆兵復從南出，首尾夾擊，賊退屯二十五里……公至淮安，而總督侍郎胡公宗憲，與視軍通政唐公順之亦提青沂兵至，相與合勢。公乃部分中軍馬兵為前驅，曹克新兵為中哨，青州邢鎮兵為左哨，沂州何本源兵為右哨，中軍倪祿梅三錫合曹沂徐邳等兵為後繼；列陣於姚家蕩以待（按：據《荊川外集》咨總督都御史胡文，則尚述有"守備高湜淑浦兵，贊畫沈遷、桂汝攀鳥銃手，周衝箭手鎗手，葉燦處州兵，指揮彭鶴年，土指揮張窨等鎮溪兵"云）。初賊計我兵綴于丁堰之賊，急走淮安，欲掩其無備。比至，見兵勢甚盛，相顧驚愕，盡銳衝我左哨。公揮兵四面圍擊，俘斬八百有奇，焚溺死者不計。賊不得已，奔守廟灣。

而隨戚繼光作戰于浙江沿海一帶者，則就《戚少保年譜》一書所舉者，亦有下列各種士兵：

嘉靖三十八年……時盧公鏜已引告，劉公顯陞南樞制府，乃命指揮盧鐯，應襲梁守愚所領處兵；指揮張佑，把總婁楠，武舉丁邦彥所領義兵；及都指揮祁雲龍之廣兵；都司戴冲霄之鳥銃手：各主客兵，俱屬家嚴統領援台。

可知嘉靖間在江浙禦倭之軍始終均屬多種云。

士兵之種類既多，統制管理即發生問題，而彼此之間，更難免乎衝突。故狼兵既自不和睦，又與土兵爭功，《籌海圖編》引御史徐栻云：

客兵之為地方害，夫人而知之，但方今之事，正如病疽者，急則治標，以毒攻毒之時也，特視制之者何如耳。蓋狼兵其貪如狼，土兵似之而性尤狡譎。客兵中狼兵、土兵尤甚，一勝之後，其氣必愈驕猛無忌。況左江田州之兵，與右江南丹、那地、東蘭三州兵，素不相睦，散不相顧，聚則仇殺，雖有二遊擊白泫、鄒繼芳分轄之，然其所見憚者瓦氏家法，與該管土官頭目若莫崑、羅堂、黃仁等而已。土兵忌狼兵先進以攘其功，狼兵忌土兵後至而挫其銳，氣態相戾，功次相競，烏可于既勝之後，而不知所以處之乎？

酉陽與保靖為世讎，故徐階《世經堂集·復周觀所書》云：

昨得湖廣汪巡撫疏，知已發永保及容美長官司兵八千赴援。僕聞保兵與酉陽世讎也，見必相殺，倘有酉陽兵到，須告督撫，加意調護防閑，隔別用之，勿令相見。酉陽之意，在于復職，乘此激而使之又用兵之技術也。

川兵又與山東兵相私鬥，《實錄》卷四百百二十九云：

是時調至客兵太多，督撫率無長略，不能以恩威駕馭，諸兵遂恣睢暴肆，不復奉約束。川兵初與山東兵鬥，參將尚允紹幾被殺。至于出戰，皆自為進退。

邳兵與僧兵、民兵又不能一致作戰，因而有主張分之為前後左右各兵者，《松江府志》引工部（郎中）李昭祥上張半洲（經）總制書云：

兵法曰："不和於陣，不可以戰；不和於戰，不可以勝。"今調到客兵，或閩或越，目不相識，語不相通，見利易爭，遇敵易潰，所謂烏合之眾也。乃今闖然聚之，卒然驅之，進無厚賞，退無嚴刑，欲其緩急相援，生死相濟，如手足頭目，世寧有是理哉！往者葉謝之戰，僧兵已斬九級矣，邳兵嫉之使前而莫為之應，遂身死而軍潰；馬家浜之戰，民兵方與賊鬥，而邳兵鳴金，賊遂乘之，死者大半。二心如此，乃欲取勝，未之有也！夫賊人趨利四出，未嘗合為一隊。然每合戰，則賊或自後至，或自左右至；此非盡一時之伏也，蓋聞戰而集也。曷不以我軍亦為數隊：如狼兵出其前，則邳兵出其後；僧兵擊其左，則民兵衝其右；使各備一隅，而自為戰，必不至嫉功而先退矣。其或有先退者，則主將之令必行無赦，然後可使用命而功可成也。

有主張由將領分統之者，《實錄》卷四百二十二云：

三十四年五月癸丑，兵部尚書楊博上言禦倭方略……一，所調狼土之兵，將領不相識，殊為失策。宜以廣兵屬沈希儀，湖兵屬何卿，一切陸戰，悉以付之；而以俞大猷專習水戰。

又卷四百二十四載張經上疏自理曰：

今歲三月初，田州土官婦瓦氏及東蘭等州官舍各兵繼至，臣從宜分布：以瓦氏兵配總兵俞大猷屯金山衛，為搗巢西路；以東蘭、那地、南丹三州兵配遊擊鄒繼芳屯閔行，為搗巢北路；以歸順兵及募至思恩兵，廣東東莞打手配參將湯克寬屯乍浦，為西路右哨：各令相機戰守。

有主張分為內外之兵者，《實錄》卷四百一十九云：

三十四年二月庚辰……兵部尚書聶豹……遵詔上便宜五事：一，"制勝之本"，督臣駕馭失策，諸將不相為用，宜令瀝心以集眾思，厚賞以畢羣力。一，"用兵之術"，寇至宜以舟師截之於外，狼土諸兵驅之於內，而以鄉兵遏其橫奔，互相犄角，則戰守俱利。

有主張分為輕重之兵者，《實錄》卷四百三十三云：

三十五年三月戊辰，兵部尚書許論以江南新塲餘倭未平，上言二事：一，請精選嵩盧徐沛之兵為輕兵，又調募邊兵及廣兵俱犄角賊巢之旁為重兵；每戰則以重兵結寨自固，而遣輕兵更出肆之。其餘不足用者為冗兵，可復還故鎮。一，將領職任未明，請如各邊例，總兵則曰鎮守，屯臨山；副總兵則曰協守，屯金山。遇警則不拘水陸，皆得從宜調度。其體統視巡撫，得節制各路參將；參將視兵備，節制守備以下；州縣佐貳，不得與副參抗禮。詔如議行。

更有主張分為準輔之兵者，《籌海圖編》引都御史章煥云：

踐更以示其信，處置以服其心；以諸邊節制之兵為之準，調到狼土之兵為之輔。夫邊兵矩度素閑，可以消狼苗之逸志；狼苗有變，而邊兵之強足以制之。夫藥有相佐，亦有相制，惟兵亦然，則可調可用也。

亦有主張分派各沿海府州縣住劄❶，以教練其本處應募之民兵者，《籌海圖編》引御史徐栻云：

客兵之為地方害，夫人而知之……如欲一勝而撤去，則海寇出沒不常，況其所素懾而見怯者，特此兵耳。茲久留而無制，則其悍恣之性，所過殘擾，村市為空，是去倭之害一間矣。為今之計，臣愚以為處之有道焉：將各兵分派各沿海府州縣住劄，有司官為之崇其犒賞，恤其勞苦，以深結各該土官頭目之歡心，俾有所統率而不得肆。又于本處應募民兵中，擇其最驍勇者，各照狼兵、土兵法編為隊伍，結為營陣，象其衣甲，演其技藝，習其勁捷，隨其動止飲食。以一教十，以十教百，推而上之，日漸月染，若與俱化，斯隱然示狼土兵之長技在我，又足以分其勢，制其悍氣，而資吾實用。積之月日，兩兵相為表裏，無分主客，然後漸次查照發回，以遠客兵之害，省養兵之費，其或制客兵之要乎？（按：《籌海圖編》中尚引有南京戶科給事中高鶴等題稱，鎮撫蔡汝蘭論"募兵戰不如募兵教"及兵部尚書張時徹論募閩廣水兵之語，大概與徐栻意同，茲不具錄。）

兵多為患，古今同轍，當日徵兵如是之多，豈能免去騷擾之害？其各兵沿途情形，當於下編言之，茲姑舉一例，以見一般。《實錄》卷四百六十九云：

三十八年二月乙巳，江西撫按官何遷鄭本立奏：浙福徵調廣兵，往返絡繹，咸取道江西，既漫無名數可稽，又未有專官領發，以致所過騷然，有同寇擾。乞行總督及浙福及提督兩廣軍門，自後調取廣兵，量其多寡，選委府佐或守巡官一員部領，仍藉其名數，先期移文江西，俾

---

❶ "住劄"今作"駐扎"。——編者註

預集舟艦廩糧，兼便稽覈。凡途路往返，有仍前恣縱為民害者，所部領官坐以失職之罪。疏下，兵部覆言：自兵興以來，徵調四出——在山東則調民兵槍手，在直隸則調保河民兵及山西遊兵，在河南則調毛葫蘆及睢、陳兵，在湖廣則調永順、保靖、容美、麻寮等土兵。沿途騷擾，慘不可言！宜行各撫按官，將調遣事宜，悉心計處，制馭有方，斯為得策。報可。

是各兵"沿途騷擾"，兵部亦知其"慘不可言"矣。及其至江浙地方，其為害更不可勝計，此中原因，《籌海圖編》所引裕州知州王宇之言，可為一解。其言曰：

按邊兵習慣苦寒，日夜備虜，不寧寢食，以為兵戎皆然。一旦調至南方，見蘇杭富饒逸樂，武備廢弛，不惟歆羨而不甘抑，且玩侮而無忌。我祖宗立法，止是原調用於北邊，自正德間，議者不深顧念，調擒劉七及江西之寇，邊兵遂驕，邊患遂啟，難於收拾。今欲更調之以備倭，後患有叵測者。湖兵（土兵）、欵兵（狼兵）之當慮也，亦然。故調客兵不如不調！

是知縱屬好軍，一至江浙，即難免擾害，此在今日猶然，何況當日客軍。此意都御史章煥亦已言之，且喻以苗攻倭，猶以毒攻毒。《籌海圖編》引其語云：

眾兵雜處，爭隙易生，壯健久曠，奸盜自起，故客兵協守，惟都城塞下可以居之，主客相當，有所忌也。江南民弱，客兵所為尪羸視之者也，欲其不亂，難矣！淫婦女，刼貨物，殺良民：如是則客兵之亂，與倭夷等！前世調兵江南，皆有明戒。

又云：

調至土兵，賊頗畏忌，然亦獷悍難馴。夫以苗攻倭，猶以毒攻毒，不可輕用，亦不可久用者也。

兵部張時徹謂當時有"寧遇倭賊……"之諺。《籌海圖編》引之云：

軍旣銷弱，勢不得不募客兵。矧今募兵他省，動越數千里，徵發僅千百人，未及至而已損官幣民需不訾矣！況至者未必皆精，以之赴鬥，往往貪餌致敗。恐官府之詰之也，即又棄戈而鼠走，所過道路，率又逞其狼豕貪殘之性，白日剽掠，昏夜則汙瀆婦女。一或捍拒，則露刃而譁，殺人無忌。故諺曰："寧遇倭賊，毋遇客兵；遇倭猶可避，遇兵不得生！"由此而觀：客兵有害無益，明矣！

李昭祥上張總制書謂民間有"賊來猶可……"之謠。《松江府志》引之云：

愚又聞之：官兵一出，賊掠於前，兵掠於後，故民間有"賊來猶可"之謠。今統兵者，亦嘗有掠民之禁乎？禁之而不止，與不禁同；命之而不用，與無命同。無制若此，尚可以言勝耶！

而《戚少保年譜》所附錄之《徵兵考實》且謂諺有"賊為梳，兵為篦"之歎。其言曰：

乃以御史胡宗憲總督浙直戎務，勅東南帑藏，悉從調取；天下兵勇，便宜徵用。於是南調湖廣土兵，廣東猺兵，廣西狼兵，四川苗兵，福建賴兵，崇明沙兵，邵（少）林（按少林非南）僧兵；北調山東鎗手，河南毛民，田州（按田州非北）瓦氏，北邊騎兵，北平射手；凡稱勝兵者，輒致之。然皆臨敵馳檄，遠者萬里，近亦數千里，至必經年，而賊揚帆去矣！即或間至一戰，終不能勝，當賊輒敗，徒擾掠為害。故諺云："賊為梳，兵為篦！"而土官且利其廩餼賞賚，舉乾沒而潤橐中，竟無分毫轉給，而又不約以律，乃任其搶奪而莫之禁，東南髓膏，始塗於寇，終竭於兵，此其為一刼也！及是練兵（按指戚繼光練義烏民兵），克敵制勝，著有成效，遂罷所調兵云。

鄧元錫《函史·戎狄志》亦云：

大調土漢狼達兵數十萬……而川湖、貴、廣、山東、西、河南北，咸騷然煩敝。諸所調兵，人挾數人與俱，所至為剽掠。顧臨賊，驅之前，不前；比賊退，遣之去，不去。往往散為盜，而盜遂大起。

是則當日調兵之為害，亦真不亞於倭賊矣！至於各軍擾害實況，將於下編分述之，惟《鄞縣志》參《寧波府志》所云，已足見其概況：

陳紀，字仲理，甌寧人，嘉靖二十五年進士，三十七年為鄞令。邑遭倭寇，幕府及諸文武大吏，所至如織，官私供億，排里甲夫役，以田賦為差，家多立破。紀先期置廨舍及他梵宇祠廟，凡所需器用，或假或市，米鹽零雜，手自區畫，毫不擾民。麻陽兵五百人至，令犒各豚首一；紀曰："城所割日幾豚，而需首五百耶？"不聽。軍吏請賦枯魚；紀曰："奉禁寸板不許下海，焉所得魚？"乃以薑進。又需騎五百匹；紀曰："鄞故澤國，舟行無馬，官籍額僅四十，焉得馬五百？"乃以芒屨代。幕府大恚，然終無如何。先是募兵日至，多投宿民舍，且責其饔飧。軍營需餉者，故邀糗糧，不受錙，下令簽富民運餉至軍所，名曰"倭米戶"。紀曰："此徒為難耳！"因謬為好於帥，得兵營郊外，糗糧以銀易之，轉輸者皆得息肩。後撤民守城，倭亦不至。戒嚴時先出金貿穀，反平糶價，民尤安之。

以上所舉，尚多就調兵而言。所調之兵，統領有官，籍貫有的，然其為患，已如上述。至於召募之兵，既烏合無統領之素，萍聚無籍貫之真，況又多游手好閒無藉惡少，則恃其武習，反衛為仇，嘯聚山谷，黨附海島，皆非難事（採《籌海圖編》引主事黃元恭語），故尤為時人所苦。且梟猾之徒，方應募於江北，忽應募於浙東；方以得募價而留，忽以滿募限而去（唐順之語），是其弊亦大矣。故都御史翁大立有"禁約山東、河南、湖廣、廣西等處游民，不得擅自出境投兵，為地方害"（《實錄》卷四百八十四）之請，而教練鄉兵以禦倭之事，遂為責成官府之重任矣。

按太僕寺卿章煥早有訓練土兵之議,《實錄》卷四百一十三云:

三十三年八月庚午,南京太僕寺卿章煥言:"……臣又聞訓練之兵,萬人一心,弱可使強,強可使馴。今議者率稱調兵,非久計也。少發之則不足,多發之則用度不繼;久駐則老師費財,暫駐則兵散而寇復入;急之則怨,寬之則驕而為亂。臣愚謂訓練土兵,漸罷客兵便。若土兵必不足,宜募廣西、湖廣、山東近海之丁壯及有罪謫發者,居之海壖及諸河道通海之地,給配偶,予田宅,使之土著而忘其鄉,是城堡之外,益以藩籬,計無便此者!"

總督張經雖主調用狼土諸兵,實因寇患驟盛,勢非得已,故亦曾條陳編立主兵之議,《實錄》卷四百一十七云:

三十三年十二月辛巳,兵部覆上總督張經條陳:……(一)"編立本地主兵":言諸路調兵,勞費不貲,而吳浙間耆民沙兵鹽徒礦徒類,皆可用。請於各府所屬州縣,二百里以上者,編兵三百名,二百里以下者,二百名,或均徭編派,或各里朋出,每兵一名,定銀十二兩。如自有丁壯鄉民,准其應役,否則徵銀募兵……詔允行。

《松江府志》引工部郎中李昭祥《上張半洲總制書》中亦云:

瀕海一帶,世業魚鹽,其民皆膽壯氣麤,雖無他技,人給一挺,足以拒賊。但賊至無期,聚而守則無食,散而求食則賊將乘之,其勢不得不奔。今失其業者歲餘矣,食絀計窮,又不得不漸歸于賊,賊之所以日繁者,豈盡海島之人哉!太倉劉家河復有耆沙之民,慣駕巨舟出沒海中,往時王祥之亂,嘗藉以取勝,乃今疑而勿用,藉寇貴盜,失孰甚焉。悉募之以為兵,稍給其食,就便團練,互相教習,修葺沿海舊堡,設為瞭望。賊至,則使勇者駕船,拒敵外洋,怯者收保八堡,憑城拒守。兵法曰:"一人學戰,教成十人;千人學戰,教成萬人",一歲之後,沿海皆為精兵,必不至狂走遠竄,膏塗草莽,如今日之慘也。失今不講，淪胥為賊，遠召客兵，列戍屯守，海涯繚繞，息肩無期，非計之得也……其衛所軍士，既不任戰，乃月食倉粟，寇一臨城，顧責戰于民兵，所養非所用，所用非所養，恐彼之心，亦有所未服也。請嚴加揀閱，別為三等：能戰者為上，月廩如故；不能戰者為中，月半其給；又不能守者為下，曲加省諭，暫就閒散。即以所省之粟，廩諸民兵與客兵之能戰者，俟事平之後，仍復其廩。其民兵客兵亦須別其勇怯，高下其食，不惟人思自奮，而積貯亦可漸裕。不然，寧免師不宿飽之憂乎？

《寧波府志》亦載南京都督僉事萬表言於巡撫周琉曰：

賊據內地久，民不得田，逋日積而徵調不已，相率為盜，是驅之助賊也。宜蠲逋弛役，懸賞格以招之，且下募兵令，土著之饟與客兵等，則人人樂歸，得士千，即損賊千也。議行，歸者寖眾，內地稍甦。

是練土著之兵，既免客兵之擾費，又減倭賊之從黨，故兵部尚書楊博于三十四年五月癸丑，上書言禦倭方略，即"請飭府州縣官亟練土著民兵，以省客兵之費"（見《實錄》卷四百二十二）。而參政任環、知縣董邦政等，生員喬鏜等（皆見下編），亦皆訓練鄉兵，用以禦倭而卓著成效。故如平望之捷，論者謂皆不藉客兵之援，而專歸功於鄉兵之力（見《籌海圖編·大捷考》）。《萬曆秀水縣志》亦云：

嘉靖壬子（即"三十一年"）後，倭奴猖獗，邑里久席太平，不知弓矢戈矛為何物，奉頭鼠竄，莫敢誰何！時郡侯劉愨暨知縣王應顯偫糗糧，庀器械，募勇壯，飭樓櫓。已而寇愈熾，土兵素弱，不能支，于是督撫軍院諸公，近調湖杭松義，遠調邳徐川廣客兵：虎竹徵發，羽檄旁午，我是有調度之煩；且韎韋魚服，會弁如星，受鋌勃盧，資糧扉屨，我是有供億之費；客兵怱然，所過摽掠，雞犬靡寧，販夫罷市，甚則邀功競賞，脫巾譟呼，我是有銷兵之慮。迨一二年後，郡良家子類，多試弁發，驕踥跆奮行間，且熟諳水鄉地利，勇氣倍于客兵。如平望之戰，永保宣慰兵皆失利，獨浙直鄉兵左右翼擊之，賊遂大潰，捕斬首虜無算。議者始欲專任鄉兵，而見兔顧犬，勢亦晚矣！

因而團練鄉兵，遂為限期完成之事。《實錄》卷四百三十一云：

三十五年正月，兵部覆巡按、浙江御史趙孔昭奏請以團練鄉兵，責成府縣正官，限一年之內，撫按官各分別勤惰以聞。報可。

雖間有請整頓衛所之議，如《實錄》卷四百三十三所云者：

三十五年三月丙子，兵部奉旨覆議九卿科道條陳禦倭事宜……（一）"精選練"，鄉兵招募雖多，可用者少，且浙直沿海一帶，原有各衛所軍，平時既以民養兵，臨事復以民衛民，殊失祖宗設軍之意。請汰去鄉兵之老弱者，而修舉各衛所軍政，益募民開墾屯田，以充月糧。其浙直通泰之間，最利水戰，往時多用沙船破賊，宜視客兵例，厚加賞給以招徠之……疏入，詔俱如議行。

然其效恐不甚著，故仍有賴於鄉兵禦倭，如李遂即練之而收效者，《籌海圖編·淮揚之捷》云：

丁巳（三十六年）夏，賊千餘深入天長泗州，祖宗陵寢幾至震驚。廷議特設提督都御史，而以豐城李公遂至，即立什伍之法，定援應之規，練鄉兵，嚴保甲，設將官，築城垣，造戰艦，為水陸戰守之計。賊知有備，船泊掘港者，不敢登岸而去，江北賴以無事。己未（三十八年）……賊奔唐家漊，僻遠無兵守禦，復登岸掠食，而公故所練鄉兵與追兵競逐之，斬首一百四十有奇，賊遂盡絕矣。

其他團練有成績者，且得特加犒賞。《實錄》卷四百七十八云：

三十八年十一月癸巳，總督浙直右都御史胡宗憲言：團練鄉兵，實為減革客兵之漸，而有司視為虛文，終鮮實效。惟杭州府知府陳柯、同知唐堯臣、通判王時拱、知縣李承式等能率勵生員周綺，練兵有成，請錄以示勸。詔賜柯、堯臣各銀二十兩；時拱、承式各十五兩，吏部遇缺推用；綺等行軍門重加犒賞。

又因調募多弊，故御史樊獻科且請以應調募者改為鄉兵，《實錄》卷四百七十九云：

三十八年十二月乙巳，巡按福建御史樊獻科言：近歲軍興，募集武勇，四方無賴子弟，每以投兵報效為名，所至騷擾。今廣浙閩俱有海警，宜以三省兵應調募者，悉遣還原籍，收為鄉兵，即以待客兵者養贍，不惟客兵免遠調之勞，而各地方且獲鄉兵之利，計無便於此矣！得旨允行。

其後雖減汰所募民兵，補以衛所軍丁之驍壯者，而倭患已熄滅，民困亦得稍甦焉。《實錄》卷五百六十四云：

四十五年閏十月庚戌，巡按浙江兵部右侍郎劉畿言：浙自倭寇侵擾，悉增田地山蕩稅額，以給召募兵餉。臣自入浙，減汰所募民兵，補以衛所軍丁之驍壯者，計民兵五總，今僅留其三，凡省兵餉四萬兩餘。宜量減田地所增餉銀十一，稍甦民困。今軍丁既經選補，餘者又充騎兵，自後操練精熟，軍有實用，則民兵可以漸而停，省餉銀可以漸而罷徵，實地方經久之至計也。奏入，上善其策，令直隸、閩、廣等處通行。

蓋衛所制度，祖宗定制為全國設施，故終不能廢止，只加以整頓，庶不至如前此之腐化已耳。

當日客兵，多係齎欵往調者，上文已略述及。至其行糧馬草，則《古今圖書集成·戎政典·兵餉部彙考》引《明會典》云：

三十三年，題准蘇松浙江禦倭將士，除百里月糧自給外，其餘征行調集，百里外，總兵、參將、守備、都督、都指揮等官日支米五升，千把、總署、都指揮等官日支米三升，管隊官不分指揮、千百戶并旗軍俱日支行糧一升五合；馬匹俱料三升，草一束；如本色數少，查照時價量折銀兩。總兵、參將、守備所部軍馬外，有奏帶員役，依例支給，不許假以家丁冒費。

其在浙兵餉，每日給銀五分，《浙志便覽》云：

三十三年，浙中主客兵五萬防勦，浙省田每畝抽餉一分二釐（按：《全城志》與《平湖縣志》謂師旅徵發，額外增稅，每畝出餉至一分三釐，沿海之民，膏血罄盡）。兵每日給銀五分。

惟邳兵多至八分。《倭變事畧》云：

三十二年五月二十日，督府王公忬檄參戎湯公克寬來守鹽。湯號武河，邳州衞指揮，有智勇，提邳兵三百人，皆雄偉長大慣戰者，且熟知倭情，鹽人自是皆倚湯將軍矣。時邳兵口糧，每日人各八分，重湯帥也……每十日一給，而酒肉犒賞，守巡府縣絡繹與之，是以兵士願出死力戰守焉。

蘇省募兵，似只以三分為率，故《江南經畧》卷二上云：

吳城內外好漢，有強力能舉幾百斤者，有膽氣勇猛赴鬥爭先者，有素閑武藝嘗充教師者，有當應捕慣緝事者，分而言之則四等，合而言之則皆上上兵也。嘉靖三十三年，此輩嘗應募，因官府不分皂白，雜以無用之民，槩給口糧三分，統領非人，其心不甘，而又日剋其銀三釐，該吏給銀者，又剋二釐，實止得銀二分五釐，遂懈弛退避，窮民乞丐之徒，營求領兵給銀之人，分銀頂替，其後代役者，求換的名，兵不堪用，實此之由，非吳城無足選也。

而福船之兵，則係口糧六分，《江南經畧》卷三上"福船捕盜議"云：

或問捕盜，每日口糧六分，各兵每日五分，當此糧餉不足之秋，常恐其不繼也。況此輩一得糧賞，即萌歸志，如之何可用乎？

餉項來源與分配，今舉《實錄》卷四百三十三所述者，以見一班：

三十五年三月丙子，兵部奉旨覆議九卿科道條陳禦倭事宜：……（一）"處軍餉"：兵興以來，賦額日增，而最不便者為提編銀。請量留應天、浙直歲運之數，及查取兩淮川廣鹽課，各山香銀關鈔，以舒民力。其民兵工食，各府州縣比原額量加一倍，於丁田內取之。沙兵工食，於浙直不被兵之處派之。主客兵糧及犒賞軍器，於軍門所奏留銀給之……疏入，詔俱如議行。

然軍費雖多，僅屬一端，其他消耗，尚有如御史徐宗魯《倭變始末》之所舉者：

造海船兵船鸞船之大戶，動費億萬，而多棄于烈焰；起蓋營填港釘樁之工作，動經歲月，而多毀于賊手；徵海防丁田鄉兵之雜稅，動及疲民，而多冒于巨奸；定糴米夫馬支應之諸差，動累賠償，而多困于妄報：遭賊殘破，又苦繁役，弱者思逃，強者思亂，此民病之可慮者二也。

《實錄》卷四百二十二中，御史屠仲律又舉破耗之弊六端云：

三十四年五月戊申，南京湖廣道御史屠仲律奏，江南倭寇，軍餉不足，竊觀破耗之弊，寔有數端：召募軍士，動輒敗沒，是費數十萬金，不得一夫之力，一也。城守工牆，曠歲無成，是費數十萬金，不得尺地之守，二也。士兵之選，勇怯無擇，衣糧之蠹，日費千金，三也。海上艘艦，擄奪漂燬，修造所需，不可紀算，四也。甲冑之製，數多費廣，一遇接戰，裸體而歸，五也。器械火藥，耀目震耳，臨陣掩棄，祇為盜資，六也。六蠹不去，則盡帑藏，洩之尾閭矣！至于加派田糧，勸借富戶，有司假此擾民，驅之為盜，俱宜嚴飭，務俾樽節愛養，以求成功。疏下，戶部議行。

《函史·戎狄志》謂取費之途雖多，而軍旅之用，才十之一云：

兩浙閩廣間，徵兵集餉，提編均徭，加派稅糧，截留漕粟，扣除京幣，請給鹽課，迫脅富民，釋脫凶惡，濫授官職，浪費無經，其為軍旅之用，纔十之一。

軍費不足，則以應解本色布銀等充之，如《實錄》卷四百零六云：

三十三年正月辛未，應天巡撫都御史彭黯以倭患孔棘，請令蘇、松、常、鎮四府，得納承差，如各省例，并榷閘門商稅，留三十一年以前應解本色布銀，以充軍費。從之。

又以應派料價銀充之，如同年《實錄》卷四百零七云：

二月庚戌，免蘇、松二府三十三年應派料價，充海防軍餉。

再以南京戶部銀充之，如同年《實錄》四百零八云：

三月壬子，詔發南京戶部銀二萬兩，為蘇松備倭兵費。

其後張經所請更多，同年《實錄》卷四百一十四云：

九月己酉，南京兵部尚書張經以倭寇充斥，議留折兌運糧，借用兩淮鹽銀、蘇州府滸墅鈔關船料、後湖贓罰十萬兩充軍餉。戶部覆：太倉等州縣漕糧，改折扣留，已為破格，若併折色而盡留之，漕規廢壞，何所紀極？宜止以太倉州三十二年秋糧折兌銀三萬五千有奇、華亭縣三萬六千有奇，共抵作原議聽留蘇、松、常、鎮四府三十三年兌運秋糧，並派剩銀兩之數，存留充餉；後湖抵贖，可以其半與之。報可。

周珫亦請留淮浙餘鹽，或竟借之南贛，《實錄》卷四百一十九云：

三十四年二月癸酉，巡撫應天都御史周珫……請趣調狼兵土兵漳兵，留淮浙餘鹽銀十萬兩，或借南贛軍餉銀九萬兩為糧賞之需。兵部覆奏，從之。

同年，浙直督撫諸臣又請接濟，《實錄》卷四百二十二云：

五月丁未，浙直督撫諸臣，以江南倭寇侵擾，調兵日多，糧餉不給，請借留淮浙餘鹽及南贛餉銀、各省庫銀接濟。戶部覆：餘鹽銀屬京邊歲費，難以議留；贛州餉銀准借九萬兩，廣東、福建庫銀各十萬兩，江西、湖廣各五萬兩，更以兵部船料並各府應解均徭民兵銀存用。今日江南軍餉孔亟，固當計慮，京邊歲費日增，尤當議處，宜行各司府編派均徭銀接濟，內除順天、應天、蘇、松、常、鎮等府免編外，其餘司府俱預編一年。令南直隸、淮揚、鳳、徐四府州，浙江、福建、廣東、廣西、雲南五省銀解南直隸、浙江軍門，陝西銀解延綏，山西銀解三關，北直隸、真定、保定七府及河南、山東、江西、湖廣、四川五省銀俱解本部，以備邊用。詔可。

其後且懸賞請輸，《實錄》卷四百三十五云：

三十五年五月戊辰，以江南北被倭，令各處督撫官發銀糴米，並發存留預備倉儲充軍餉，兼以漕糧未過淮者，兩淮運司工部餘鹽銀未解者，量留助之。仍懸示勸借賞格，凡軍輸銀百兩或米百石以上者，勑旌其門；一百兩一百石以下，與五十兩五十石以下者，有司量加獎諭，以示激勸，從戶部請也。

同時用以充軍餉者，尚有浙江河工銀，《實錄》同卷云：

五月辛巳，詔留浙江原派河工銀三萬六千兩於本省充餉，從總督胡宗憲請也。

又有蘇松常鎮漕糧，《實錄》卷四百三十六云：

六月辛亥，以南直隸被倭，命量留今年兌軍漕糧，蘇州、松江二府各五萬石，常州三萬石，鎮江二萬石，充軍餉，事寧處補。

翌年又留淮餘鹽銀，《實錄》卷四百四十七云：

三十六年五月己巳，以揚州倭患，聽留兩淮餘鹽銀三萬兩，仍提編明年均徭助用。

同時亦留松江漕米，《實錄》同卷云：

五月庚辰，巡按直隸御史尚維持奏留松江府漕米五萬石，以備兵餉。從之。

其留糧充餉之事，後仍有之，如《實錄》卷四百五十八云：

三十七年四月戊寅朔，詔留蘇州府本色正兌糧二萬石，松江一萬五千石，充本處兵餉。

而李遂之在江北，亦請留挑河及鹽課銀兩，《實錄》卷四百七十一云：

三十八年四月丁卯，詔留兩淮運司庫貯挑河銀二萬兩，鹽課銀二萬兩于鳳陽軍門支用，從巡撫都御史李遂請也。

又卷四百七十五云：

八月癸亥，巡撫鳳陽都御史李遂奏留兩淮餘鹽銀三萬五千兩充賞功之費。戶部議覆，從之。

其時胡宗憲又奏留兩浙鹽課，《實錄》卷四百七十一云：

四月己巳，總督浙直福建軍務都御史胡宗憲奏留兩浙鹽課銀十萬兩，以備軍興。下戶部議：浙省鹽課，歲額不及十萬兩，若復扣留，則國課將來盡歸軍門矣。且浙江加派兵糧銀四十八萬餘兩，前議扣留折銀二萬兩，不為不多。今宗憲既稱客餉窘急，宜量于浙江布政司改折南京倉糧數內，再留三萬兩，及將運司見徵逋負一萬三千餘兩扣用。如再不足，聽于該省贓罰等項括用。得旨：准動支運司見在餘鹽銀四萬兩，急濟軍餉；仍將改折南糧並鹽課逋負者，照數徵完，補還餘鹽解部。

因宗憲本全仰運米鹽銀以濟急者，其疏請奏留，豈得已哉，故《籌海圖編·浙江事宜》中引都御史唐順之之言曰：

往時浙直軍需，多倚各省協濟；自例罷協濟之後，而窘急甚矣！胡總督近有乞留運米借鹽銀之奏，蓋以軍需無處，甚不得已，全仰此一着救急。

督撫諸臣又不免有侵盜軍需，或施行小費之用，《實錄》卷四百八十五云：

三十九年六月壬寅，查盤給事中羅嘉賓，御史龐尚鵬等言：浙直軍興以來，督撫諸臣，侵盜軍需，無慮數十萬。

臣等奉詔通查出入之數，其間侵欺有術，文飾多端，冊籍沉埋，條貫淆亂者，姑無論已。卽其文牘具存，出入可考，事蹟章灼，可得而陳其數者：則如督察尚書趙文華所侵盜以十萬四千計，總督都御史周珫以二萬七千計，總督侍郎胡宗憲以三萬三千計，原任浙江巡撫都御史阮鶚以五萬八千計，操江都御史史褒善以一萬一千計，巡撫應天都御史趙忻以四千七百計，此皆智慮有所偶遺，彌縫之所未盡，據其敗露，十不及其二三，然亦夥矣！至于操江都御史高捷則明取江防銀二千兩檄送趙文華、巡撫應天都御史陳錠則檄取軍餉銀四千錙銖無所支費，此又皆公行賄攘，視為當然者也。乞通行追究，明正法典，以懲貪冒。至于文華所任郎中郭仁及宗憲所任指揮戴冲霄、楊永昌、陳光祖，並宜逮問追贓。疏下，戶部會吏部都察院議覆：請罷忻捷官，同文華等所劾贓罪，候勘議處；仁黜為民；冲霄等下御史問；惟宗憲功多，當留用。從之。旣而宗憲上疏自訟："臣為國除兇，用間作餌，不有小費，不可以就大謀。而忌者遂緣此生奸，指為侵剋，臣誠不能以危疑之迹，自理于讒謗之口。乞且賜罷，以待公論少明，然後東西南北，惟上所用。"上優詔慰留之。

其後溫如璋條議江南兵食，又可證有虛揑詭派之情，《實錄》卷五百四十三云：

四十四年二月丁丑，巡按直隸御史溫如璋條陳議處江南兵食三事：（一）品官優免太濫，詭寄日滋，今不必另定限制，惟倣十段錦冊之法行之。其法算該力差銀差之數，總計十甲之田，派為定則：如一甲之田有餘，則留以為二甲之用，不足則提二甲補之，劑量適均，輕重合一。鄉官免田，十年之內止免一年，一年之內止于本戶，其餘子户不許一概混濫。(一)蘇松比年軍興之際，調兵增餉至四十三萬；近歲海警稍息，節經議減，尚歲徵銀二十九萬兩有奇，民力不支，宜令撫按官酌議汰減。(一)蘇、松、常、鎮自嘉靖十六年以後，加派各項錢糧至四十七萬八千餘兩，而工部料銀不在此數，乞裁革以復舊額。事下，戶部言：本部會派銀糧，俱照舊額，未有絲毫加增；獨黃臘果品之數，加派四府，不過六千九百餘兩。今如璋所奏乃至四十七萬，不啻百倍，中間必有虛捏詭派等情，宜行撫按逐項查明，並將各處實徵錢糧文冊，不拘本部工部及本處撫院所派，通行造冊送部，以憑稽考。餘如所議，報可。

當時江浙軍費如是之多，人民擔負力所難勝，而邊方川貴亦需鉅欸，故府庫空乏，司農仰屋，雖"度支為一切之法……興焉"，仍無濟于急用，《明史·食貨志》云：

三十年，京邊歲用，至九百九十五萬，戶部尚書孫應奎矇目無策，乃議於南畿浙江等州縣增賦百二十萬，加派于是始。嗣後京邊歲用，多者過五百萬，少者亦三百餘萬（按：據《實錄》卷四百五十六，則此數目係指"三十一年至三十六年之間而言"），歲入不能充歲出之半，由是度支為一切之法，其箕斂財賄、題增派、括贓贖、算稅契、折民壯、提編、均徭、推廣事例興焉。其初亦賴以濟匱，久之，諸所灌輸益少，又四方多事，有司往往為其地奏留，或請免，浙直以備倭，川貴以採木，山陝宣大以兵荒，不惟停格軍興所徵發，即歲額二百萬且虧其三之一，而內廷之賞給，齋殿之經營，宮中夜半出片紙，吏雖急，無敢延頃刻者。

是亦難乎其為戶部官也。三十三年，即特設督糧參政，以翁大立任之，無事令往來蘇松常鎮催納糧餉，有事專住松江以便調度（《實錄》卷四百一十）。江南自有倭患以來，應天、蘇、松等處加派兵餉銀四十三萬五千九百餘兩（《實錄》卷五百二十五），浙江與江北等處當亦稱是，雖山蕩荒地，亦難免加徵，《實錄》卷五百五十二云：

四十四年十一月己酉，浙江巡撫都御史劉畿奏：浙省自有倭警以來，以兵餉浩鉅，加徵山蕩稅銀五萬五千餘兩。緣山多荒石，蕩多潴水，比之成熟田畝不同，小民不勝其困。今幸海波不揚，宜從汰省。臣多方訪詢，極力撙節，凡裁革各衙門冗役銀三千七百餘兩，量減各營炊爨火兵銀一萬二千餘兩，扣除湖台水陸官兵銀二千八百餘兩，發義烏兵番休回縣，減糧團操省銀八千七百餘兩，共減去銀二萬七千三百有奇，可免山蕩稅額之半。請以四十五年為始，酌量減派，以蘇民困。巡按御史龐尚鵬亦以為言。部覆報可。

然民間雖"膏血為之罄盡"，而士兵猶常缺餉，甚且因而譁變，《實錄》卷四百四十二云：

三十五年十二月癸卯，尚書趙文華條陳海防事宜六事……"足兵餉"：謂水陸客兵，缺行糧數月，乞留漕糧三十二萬七千石，分貯要地，充十萬客兵七八月之用；仍查催未完軍餉粮銀處補。

又卷四百七十八云：

三十八年十一月丙申，浙江定海縣戍守客兵，久缺糧餉，知縣陳正道，把總吳江以半月糧銀給散之，兵遂亂，毀正道冠服，仍拉江入舟，越宿乃歸之。總督都御史胡宗憲檄海道副使譚綸，總兵盧鏜，給銀二萬兩，以安眾心，而擒治其首事者。

此種原因，都御史唐順之曾有所論列，《籌海圖編·足兵食》中引之云：

東南水陸兵糧，往往有缺至三四月不給者。軍士萬里捐生，日望數升之米而已，而又不時給之，生心譁語，亦何足怪。此有故矣：浙江軍餉銀四十七萬兩，江南五十餘萬兩，江北一十六萬兩，其初皆算兵而賦民，原無贏餘。若民間拖十數兩，則缺却一軍之食，萬軍不能一軍空腹，而萬兩不能銖兩無欠。加之民賦有災傷減免，而軍餉無贏餘處補，則其不能准給而生怨讟宜也。

當三十四年五月癸丑，兵部尚書楊博既曾請飭府州縣官亟練土著民兵，以省客兵之費，而胡宗憲亦不得不請裁兵焉，《實錄》卷四百五十二記之云：

三十六年十月丁酉，兵部覆總督浙直都御史胡宗憲奏：兩浙頻年用兵，民力罷甚。今地方甫寧，亟當樽節，請汰水陸兵及調募兵，歲省銀四十萬九千餘兩。其留用者三萬四千人，歲用銀四十七萬餘兩，宜隨糧帶徵，通融出辦。卽今軍政廢弛，俟臣清理勾補，期三五年後軍伍充實，前項兵食，悉皆議除。報可。

然遲至上所述三十八年時，仍不免有定海縣欠餉譁變之事，豈眞"佳兵不祥"也哉！

當日辦理財政之人物，其著稱者，有游居敬、吳桂芳、熊逵、葉可成等數人。《福建通志》云：

游居敬，字行簡，南平人，嘉靖進士，浙江按察司僉事，歷按察使，左右布政使。浙中時患倭寇，調主客兵數萬計，庫無羨贏，居敬立辦無悮。議者欲練土著，汰客兵，兵當關而譟，督撫令居敬前諭之，皆解散。

《浙江通志》引《獻徵錄》云：

吳桂芳，號自湖，新建人，嘉靖進士，任浙江按察使，左右布政使。時胡宗憲以兵事秦於財，慮不能給，桂芳為查理積年隱沒者，幾月，得十餘萬緡。宗憲於座起揖曰："公眞大材也！"仕至工部尚書總督河道。

又引《西江志》云：

熊逵，字子漸，清江人，嘉靖進士，浙江布政使。浙方有兵事，幫藏空虛，乃剔貪冒，清逋負，籌畫有經。胡宗憲得罪，衆慮客兵為變，遂大發芻粟犒之，反側以定。

又《吳江縣志》云：

葉可成，字懋學，癸丑進士，知山陰縣，有廉直聲。胡宗憲知其才，留之幕府，令參謀畫，凡兵食調度，攻守形勢，皆從中贊決，動中機宜。

其餘各府州縣政府之以辦理糧秣不缺著稱者，如紹興府之李僑、太倉州之熊桴、上虞縣之李邦義、海鹽縣之鄭茂等，不能勝記，茲從略焉。

下編

（一）狼兵

田州—南丹—東蘭—那地—歸順等處之狼兵

明代調用狼兵，嘉靖前已有之，按《續文獻通考·兵考》云：

成祖永樂元年閏十一月，詔廣西剿賊，兼用土軍。景帝景泰四年四月，敕兩廣總督，遇警調用狼兵。孝宗弘治九年八月，以廣西歸順州等處土兵，隸有司調用。

武宗正德五年三月，調集廣東民兵，並令勿輕用狼兵。

此所謂狼兵者，粵西岑氏、瓦氏、東蘭、那地、南丹、歸順諸州之兵也（《明史稿·兵志》）。然真狼兵不易得，《籌海圖編》曾言之云：

廣西狼兵，於今海內為尤悍，然不易得真狼也。真狼兵必土官親行部署纔出，其餘蓋不過柳州所為水東岩之游民，與廣州新會打手之屬而已。如果，則亦無以加於嘉湖販鹽者流也。

又述其戰陣之法云：

東蘭、那地、南丹州之狼兵，能以少擊眾，十出而九勝。何者？三州土官之兵，大略如昔秦人以首虜為上功，其所部署之法，將千人者得以軍令臨百人之將，將百人者得以軍令臨十人之將。凡一人赴敵，則左右人呼而夾擊，而一伍皆爭救之；否則一人戰沒，而左右不夾擊者，臨陣即斬其一伍之衆，必論罪以差，甚者截耳矣。凡一伍赴敵，則左右伍呼而夾擊，而一隊皆爭救之；否則一伍戰沒，而左右伍不夾擊者，臨陣即斬其一隊之衆，必論罪以差，甚者截耳矣。不如令者斬，退縮者斬，走者斬，言恐衆者斬，敵人衝而亂者斬，敵既敗走，佯以金帛遺地，或爭取而不追蹟者斬。一切科條，與世之軍政所載無以異，而其既也，所謂論功行賞之法，戰沒受上賞，當臨陣躍馬前鬥因而摧敵破陣，雖不獲級而能奪敵之氣者，受上賞，斬級者論首虜以差，斬級而能冠所同伍者，輒以其人領之。故其兵可死而不可敗！

而岑家兵略，尤為特色，《江南經略》參鄺露《赤雅》述之云：

岑氏兵法：七人為伍，每伍自相為命，四人專主擊刺，三人專主割首輿勢，所獲首功，七人共分之。割首之人，雖有照護主擊刺者之責，但能奮殺向前，不必武藝絕倫也。我朝軍功，以首級為驗，要之斬賊者必不暇取首級，取首級者必非斬賊之人，兵家僨事，往往坐此，狼兵是法，可以為用兵者之要訣，不可謂為夷見而不之師也。

《籌海圖編》又論其性情與待遇之法曰：

我祖宗舊制，狼兵調兵，經過之處，不許入城。狼兵性貪淫，離家遠出，罕御酒肉，又不獲縱貨色之慾，含怨飲恨，惟刼于其主之威而已。若有司不善遇之，擄掠之患所不免也。

《赤雅》亦云：

狼兵鷙悍，天下稱最。性極貪淫，動不可制，嚴志明律用之勝，否則敗。

其被調之原因，嚴嵩《鈐山堂集》"論倭事"中所言，亦其一端：

今廣西土兵之調，皇上謂蠻夷一途，不為我用，聖明淵慮詳盡。但此件亦不得已之計：本處無兵，山東兵敗，只得藉此兵。雖是夷類，一

（一）狼兵

向服督撫調，可以法制，不敢不用命也。至其擾害搶掠等事，則不能免，此在將領有以統馭之耳。

狼兵之勇悍，茲舉一例證之。《倭變事略》云：

三十四年四月十一日，倭由嘉善進犯嘉興，燹發雙溪橋。適狼兵至郡，郡侯令費餉犒兵，狼兵即擊賊。一兵甫弱冠，獨奮身衝鋒，連殺七賊，兵衆乘勝追擊，斬獲數十，賊皆披靡棄舟走。

其食蛇與犬，尤屬特別。《廣西通志》引《蠻司合誌》云：

田州女土官瓦氏，嘉靖三十四年，調使援倭寇于蘇州，瓦氏提二豎孫并狼兵數千應之，日索有司捕蛇檻犬為軍儲。然頗有紀律。

《同治上海縣志》亦云：

時徵各路兵，惟廣西狼兵最悍，而田州瓦氏與其孫岑大壽、大祿最先至。瓦氏兵日需蛇犬為食，且最貪橫，有司困于供應。

《湖州府志》引《吳興備志》載有朱察卿詩詠其事云：

江南千里暗妖氛，野哭家家不可聞；
落日群狐窺白骨，荒郊萬馬臥黃雲。
將軍不下征夷令，使客空傳祭海文，
試問九重宵旰處，殿頭香氣正氤氳。
萬里迢遙征戍士，虎符星發路何賒；
帳前豎子金刀薄，閫外將軍寶髻斜。
田父誅茅因縛犬，乞兒眠草為尋蛇；
年儲不惜人間供，願斬鯨鯢淨海沙。

《蠻司合志》謂瓦氏兵"頗有紀律"，《倭變事略》亦云：

瓦氏，土司岑彭（按："彭"當作"猛"）妾也，以婦人將兵，頗有紀律，秋毫無犯。

柳翼謀先生《江蘇明代倭寇事輯》所引《張氏卮言》亦云：

瓦將軍者，女將瓦氏，雲南（？）洞蠻土官也。近幸男子八人，號男妾，驍勇善戰，軍令嚴明，一卒奪民食，卽斬之，食尚在吭間。

此或惟瓦氏之兵為然耳，其餘狼兵，其紀律固不佳也，故《明史‧張經傳》云：

狼土兵肆焚掠，東南民旣苦倭，復苦兵矣！

《籌海圖編》引舉人王文錄云：

狼兵摟婦女，貪貨財，而肆其抄掠。

《浙江通志》引《西江志》夏浚事則可證其驕悍：

夏浚，字惟明，玉山人，嘉靖進士，授海鹽令，歷陞溫處兵備副使。時浙東海寇猖獗，浚授方略，鸚渚、平陽、慶元、金盤相繼奏捷。廣右狼兵驕悍，浚殲其渠魁，軍紀震肅。擢廣西參政。

而《福建通志》載史朝富事，則可證其無禮貌焉：

史朝宜……弟朝富，字節之，與朝宜同舉於鄉，同成進士，授永康知縣。時倭矩邑三舍，邑無城，朝富率兵數千禦境上，倭不敢近。狼兵數千索餉至，露刃坐側，朝富從容諭之，散去。遷懷慶同知。

按當日狼兵是否曾到永康，尚待證實，惟若有索餉之事，則《實錄》卷四百二十二載嚴嵩答世宗問語有云：

狼兵初至氣銳，張經禁久不進。瓦氏憤曰："我自備軍糧，不效尺寸，何以歸見鄉黨！"

其"自備軍糧"一語，可知非盡然矣。狼兵之至江浙，自多有樂不思蜀者，故《籌海圖編》引都御史章煥謂"臣見狼兵每有受廛之心"焉。

記載狼兵禦倭之事蹟者，始於《崑新合志》之顧夢圭《甲寅時事記》云：

三十三年五月……庚戌，巡按復委梁鳳率處州兵，郡倅張子瑠率

下編
(一) 狼兵

廣西狼兵來援。鳳復逗留於途,紿狼兵曰:"三日方可至邑。"邑令數趣之,郡倅率狼兵先至,鳳後至,殊無禦倭意。辛亥,壬子,癸丑,鳳駐兵西寺中。甲寅出戰,狼兵踴躍爭先,處兵退却。鳳遙見二賊持刃向前,遽勒馬避之,處兵舉白旗一麾,遂皆潰散。狼兵追賊,斬首數級,傷賊二十餘人;以無他兵策應,亦被殺數人。邑人皆怨鳳,將白諸上官。鳳懼罪及,乃移文巡按,謂邑令待狼兵太厚,待處兵太薄,使兩兵疑貳,出戰無功。巡按信之,深罪邑令,竟莫能白也。

歸有光《崑山縣倭寇始末書》亦云:

時太倉陶指揮所募欹兵(《續文獻通考》云:"宣宗宣德二年五月,復置廣西所屬民欹……"謂狼兵為欹兵者,義或本此)適至……五月十一日,張公督促前進,欹兵踴躍東向,氣雄志烈,不負"狼"名。梁帥……退屯九里橋外,欹兵孤懸,勢難野宿,姑納城中,待梁并進……本縣義勇,導引欹兵直搗賊窟,血戰方酣,而諸軍遙望賊來,卽麾奔潰,多自溺水,甲騎鎧仗,半為賊有。欹兵益進,殺傷賊徒二十餘人,而後援不繼,致有陣亡擠水之禍。於是更令逃軍,造為厚欹薄沂之謗,欺罔上官,致使是非不明,功過莫辨……其原蓋始於當道先有欹兵防衞無錫以厚其故人,而梁鳳亦不欲強顏再入崑境,各戾初心,遂相搆煽,殊不念崑山之與無錫……豈宜有所偏重哉?是時我軍雖未收全功,而欹兵聲已譽服賊膽,遂相引去,殺遺民,燒遺屋,數十里烟火不絕者四五日,以泄其餘憤。

《江南經略》卷三下《太倉州倭患事蹟》云:

三十三年六月初二日,賊攻西門,時本府同知李敏德在城,率官兵擊之。狼兵請與之俱,戰于水次倉,賊敗而走,官兵追擊,復大敗之。

其卷三上《嘉定縣倭患事蹟》亦載有狼兵之事(按:《嘉定縣志》與之略異)云:

三十三年六月，先是賊衆五百餘人，歸未至島，為颶風復飄至海上。六月初一日，由嘉定縣趨蘇州府城，大肆焚刼。又南由吳江縣抵松江府，復還海上，因巡船邀擊，不敢出襲。時調來狼兵，不滿百人，每與賊遇，賊輒披靡，偶以二十人，當賊二百人，為賊所圍，力戰得出，殺賊五十餘人，狼兵死六人，其間二人尤驍勇，賊至劉家行，單騎追之。賊知其狼兵也，匿二賊于廁中，從後擊其首，遂斃。自是狼兵稍怯。

疑此皆附會影射之談，非當日即有狼兵；但即有，為數亦極少，大批調至之狼兵，固三十四年三四月中之事也。至於《江南經略》卷三上《吳江縣倭患事蹟》(按：《籌海圖編》亦載此事，文句略異)有云：

三十四年正月二十六日……浙江巡按御史胡公宗憲調遣保靖宣慰司彭藎臣、彭翼南率兵二千來援。副使孫公宏軾、總兵俞大猷以浙江兵至，副使任公環、知府林公懋舉以狼兵至，兵威大振，賊退屯王江涇。明日，復進至平望。彭藎臣為先鋒，與諸兵合擊之。狼兵首殲其渠魁一人，賊氣沮，捐資于狼兵求脫，不聽。東西皆阻水，官兵南北夾擊之，斬首一百餘級，轉戰至楊家橋，又斬首二百餘級。遠近稱快，更盛墩之名曰勝墩。

則更顯有時日上之錯誤，以彭翼南之至浙直，乃三十四年四五月間事也。《江南經略》又續云：

四月，賊犯縣(吳江)境，巡按御史周如斗遣兵禦于勝墩，與浙兵夾擊大敗之——巡按周公如斗調遣知府林公懋舉、總兵俞大猷、宣慰彭藎臣；浙江巡按胡公宗憲調遣副使孫公宏軾諸道兵夾擊之，斬首三千餘級。

與前疑即一事，只時日與斬級有不同耳。若據《實錄》為準，則徵兩廣狼兵聽用，實始自張經之奏請，其卷四百一十二云：

三十三年七月乙丑，從總督張經奏，起原任貴州總兵白泫及廣西

下編
（一）狼兵

都司都指揮鄒繼芳俱充遊擊將軍，往田州、歸順、南丹、東蘭、那地，調狼兵五千人，各帥至浙直禦倭。

而《江南經略》卷八下有《調狼兵記》一文，載其經過情形，最為詳悉：

島寇之變，東南之民，焚刼殆盡。上命南京大司馬半洲張公提八省之兵，刻期剿滅。公曰：「寇強民弱，非藉狼兵不可。」疏請於朝，遣南京車駕司主事阮文中往調，乃甲寅九月十日也。十一月朔至梧州軍門，調取左江之田州、歸順州，右江之南丹州、那地州、東蘭州，土官土目，各率其旅聽用。十一月十九日，兵備副使陳詔儒閱籍與人數不侔，覺其虛冒行糧，而情性桀黠，又難呼調，乃以意判減田州官婦瓦氏與其孫官舍岑太壽、岑太祿所統頭目鍾南、黃仁等領兵四千一百名有奇，戰馬四百五十匹，歸順州土目黃虎仁等領兵八百六十二名，南丹州官弟莫崑、莫從舜等領兵五百五十名，那地州土目羅堂等領兵五百九十名，東蘭州土目岑褐等領兵七百五十名：共計六千八百七十三員名。其間尚有虛數，大約不上十之一，瓦氏帶女從四十餘人不與焉。瓦氏為故岑猛之妾，年踰六十，子死孫幼，素恥其夫受僇，職又卑，鄰封族人侮之，聞調踴躍，冀立功自振。初以一萬三千人應調，兵備不許，止准四千有奇。嘗對張司馬委官云：「是行也，誓不與賊俱生！」蓋由衷之言也。田州之兵，與江右三州素不相睦，聚則鬭殺，軍門請於上，命游擊白泫、鄒繼芳分轄之。各兵俱以十二月十四日啟行，二游擊請先後續發，防爭道也。陳兵憲恐難防範，且欲攝權歸一，總夥而行，不以分屬二將，二將僅能自馭其各帶報效百人而已。乙卯三月初一日，兵至蘇州，郡守林公懋舉以祖宗舊制，狼兵不許入城，造廠楓橋欽洽土目，凡薪粟魚鹽之類，散給兵衆者倍於他郡，就廠竚候。張司馬自嘉興至蘇，謂郡守曰：「野人慕蘇松之勝久矣，萬里遠來，藉以靖難，當推誠待之；若防閑如寇，豈能得其心也？"遂令入城住劄。五日發行，張嘗總督兩廣，稔知狼兵情性，不可以威劫而可以仁感；狼兵亦素懷其德，願為報效，故有此處也。軍門以白泫專統田州之兵，鄒繼芳專統右江三州之兵，而歸順一支，併於繼芳。蓋歸順本屬左江，宜統於白泫，以右江兵少故併之。是日，陳兵憲以兵交付二將而歸。二將至松江，適上命工部侍郎趙文華祭海，軍門遂同詣海望祭，親以田州兵派住金山，歸順兵派住乍浦，右江三州兵派住八團九團，北方官兵海陸各守要衝，以防寇逸。時島寇萬衆，亦設地坑之，類以自固，我軍未敢輕戰者，欲少憩，俟麻陽兵至僇力也。……二遊擊僅有統領狼兵之名，而無生殺狼兵之權，蓋狼兵所服者，其土官土目而已。故軍門以簿二册，分給二游擊，令其紀載不用命者，以俟歸日，聽軍門治之，實不得已而存此體式也。狼兵寓此，不服水土潦暑，大衆相聚，往往病疫。議者欲查泰州王道士拯鹽場疫癘之法，以百金購蒼朮行之，亦竟不果。狼兵凡歷一十八郡，每兵遇府給米五升，魚鹽各二斤，柴十斤，准牛肉銀二分，准酒銀二厘；其土目每人猪一口，准銀七錢，瓦氏與二孫加銀三錢，撫按所犒花紅銀牌之類，亦止及於頭目，而兵衆不與也。兵發梧州至南雄郡，凡十五站，有司乃以三板船六百艘送之。越贛州，復下船，亦用三板船六百艘送至南昌，易大贛船四百餘艘，送至京口。京口以東，偶緣水涸，人懷丹陽休息之願；適丹陽開河，縣尹避而不出，居民又閉門不納，兵憤，因而搶掠。隨步至奔牛鎮，常州以民船接之，送至嘉興。此行各縣，船皆總會於府，府每船給銀一錢即發，故沿途並免留難，亦不聞侵奪，惟供應米魚酒銀之類，頭目或減尅之。狼兵性貪淫，徒劫於其主威，飲恨從戎，識者已逆知其必難成功。是役也，阮主政大得狼兵之心，所過之地，亦無不感其惠者。陳兵憲隨地頓兵而不輕進，人或訾之。

下編

（一）狼兵

狼兵於三十四年三月調至，《實錄》卷四百二十二亦有記載云：

本年三月初，廣西田州土官婦瓦氏及東蘭、南丹、那地、歸順等州狼兵六千餘名，承經調至。狼兵輕僄嗜利，聞倭富有財貨，亟欲取之。居民亦苦倭寇暴，朝夕冀倖一戰（《松江府志》云："郡大夫鄉老苦倭殘酷，不能忍須臾"，與此意同）。

上聞而詔賞之，《實錄》卷四百二十一云：

四月戊辰，廣西田州土官婦瓦氏引土狼兵應調至蘇州。總督張經以分配總兵俞大猷等殺賊。奏聞，詔賞瓦氏及其孫男岑大壽、大祿各銀二十兩，紵絲二表裏，餘令軍門獎賞。

然一戰而敗，賊遂知狼兵為不足畏矣。《實錄》同卷云：

四月辛未，工部侍郎趙文華至松江祭海神。——是時倭據川沙窪柘林為巢，經冬涉春，新倭復日有至者，地方甚恐。及聞狼兵至，人心稍安。總兵俞大猷遣游擊白泫等將狼兵數隊，往來哨賊，乘隙邀擊，舍把田鑾等稍有斬獲。文華因謂狼兵果可用，厚犒之，激使進剿。至漕涇，遇倭數百人，與戰不勝，頭目鍾富、黃維等十四人俱死，兵士亡失甚眾（按：張經上疏自理中有云："及三月末，侍郎趙文華至松江，大賚諸將，趣令進討。然遠調之兵，新至之將，賊情地利，皆所未諳。游擊白泫以田州兵千餘往探陸哨，遇賊伏卒，殺其頭目鍾富，損兵大半，則狼兵之不宜驟用明矣"），於是賊知狼兵不足畏，復肆掠如故矣（按：《松江府志參·華亭縣志》云：瓦氏披髮撫刀，往來突陣，所乘馬尾盡落，浴血奮鬥而出，諸將莫援也，——狼兵之銳名為減）。

是則張經之言，不幸而中，乃反以此論罪至死，誠冤哉枉矣！《實錄》卷四百二十二云：

文華既至嘉興，屢趣經亟檄狼兵剿賊。經曰："賊狡且眾，今檄召四方兵，獨狼兵先至耳。此兵勇進而易潰，萬一失利，即駭遠近觀聽。姑俟保靖、永順土兵至，合力夾攻，庶保萬全。"文華再三言，經終守便宜不聽。文華乃疏言經養寇糜財，屢失進兵機宜……宜亟治以紓東南大禍……經遂得罪。

《倭變事略》謂瓦氏因姪戰死，鬱鬱不得志而思歸焉。其文云：

四月初八日（壬申），諸帥揚兵出哨遇賊。擊殺九賊，而覆兵三百。明日，瓦氏姪恃勇獨哨，賊復掩擊，瓦姪殺六賊而人馬俱斃。瓦氏來海上，銳欲建功，數請出戰。諸將集議軍門，輒以固守為上策，多觀望不進。至是，其姪戰死之，瓦氏遂鬱鬱不得志而思歸焉。

然對于狼兵之希望固猶未絕也，故王士騏《馭倭錄》引《世經堂集》有云：

三十四年五月十七日，徐階再答倭情諭云：“瓦氏兵到，賊初聞甚懼，當事者不能督使乘銳進剿，且將彼兵分散各處，勢力不全，遂致大敗。賊今四出殺掠，事甚可慮。所幸湖廣士兵新到，尚未交戰。其狼兵敗者，亦只瓦氏一枝，尚有四枝未戰，且看一二日間再報何如也。”

乃其後又復潰敗，《實錄》卷四百二十一云：

四月甲申，柘林巢賊分眾三千餘，過金山衛，總兵俞大猷，督游擊白泫，及田州瓦氏兵遮擊之。賊鼓眾來衝，我兵大潰，死亡無算（按：《倭變事略》云：“白都司被圍數重，瓦氏奮身獨援，縱馬衝擊，破重圍，白乃得脫”）。賊遂奔犯浙江。

其作戰於嘉興者，亦未操勝利。鄭茂《靖海紀略》云：

四月辛巳，倭三百餘賊自松江突入嘉善縣治，火民居漕舸；直奔郡城，又火六里街。值新募狼兵四百人至，遂合戰敗之，斬首二十有奇。……辛卯，戰石墩，狼兵傷者數人。……自是賊益鴟張猖噬……諸官兵依違觀望，以得脫為幸，雖狼兵號稱悍鷙，亦莫敢彎弧爭死敵。

其在江陰者，又復敗北，《實錄》卷四百二十三記其事云：

六月丙子，倭賊進據江陰蔡涇閘，分眾犯唐頭。知縣錢錞統狼兵、

下編
（一）狼兵

民兵禦之，遇賊于九里山。時已薄暮，雷雨大作，賊伏兵四起，狼兵悉奔，惟餘錞及民兵八人，盡死于賊。

是狼兵之調至江南，初足使賊畏懼，乃幾戰無一勝，自為人所輕視，故《倭變事略》謂"七月初三日，瓦氏兵回田州"，而《明史紀事本末》且謂止徵其兵矣。其文云：

十一月，止徵狼土諸兵。——士兵瓦氏等至浙，驕悍不受約束，所過殘掠，而百姓苦之。於是總督楊宜力請止徵，從之，命兩廣督臣隨路掣止。

《江南經略》卷八下有"狼兵中亦多不可用者"，意在除岑氏兵之有家法者而言，然瓦氏用之固仍如上述之失敗也。惟其後廣東方面，仍復調用狼兵，《馭倭錄》引《世經堂集》云：

四十一年五月初一日，徐階答東南寇氛宣大遼東邊事諭云："臣聞廣東……以四月十八進兵，凡調狼兵十萬人，此一件臣頗憂之。蓋調兵太眾，則糧餉難給。東南素多暑雨，今進兵以四月，勢難久聚，若仰仗皇上天威，一鼓卽平其穴，則甚幸也……但臣會、臣（高）燿苦苦言無錢糧應付南北之求，而南北之求錢糧者，又甚迫切，此却未有所處，為可慮也。"

及至神宗萬曆二十七年九月，尚調廣西南丹、東蘭、泗城諸土司兵萬人征播州（詳見《續文獻通考》），則狼兵固始終為朝廷所倚賴者。至於趙文華《桃花港捷疏》中有"隨令守備王介督兵出洋，會同狼福官兵捕剿"之語，則係指狼山、福山之兵而言，與此狼兵（狼族土司之兵）之義，固絕對不同也。

49

（二）土兵

永順—保靖—容美—桑植—麻寮—鎮溪—大剌之兵

所謂"土兵"者，除土著之人為兵（如柳翼謀先生《江蘇明代倭寇事輯》所引如鄭端簡奏議中所謂"土兵陳堅等""土兵卑悌等"之類）之一義外，明代尚指一種邊郡之兵而言，如《明史稿·兵志》云：

> 軍衞之外，郡縣有民壯，邊郡有土兵……成化二年，邊警日亟……延綏巡撫盧祥言：近邊土民，驍勇敢鬪，可練為兵，以護田里妻子。勅御史往延安、慶陽選壯者，編什五，號曰"土兵"，得五千餘人……延綏、固原多"土達"，驍勇精悍，稔知敵情，正統中勅寧夏總兵黃集簡選操練，以備秋防。

其名曰"土兵"，或卽因係"土達"之故歟？然與此文之所謂土兵固殊也，此文乃專指湖廣苗族土司所領之兵而言，故又謂之苗兵，亦謂之湖兵。《籌海圖編》及《江南經略》記其陣法調遣、情性及鈎鐮鎗弩之技云：

> 湖廣土兵，永順為上（彭翼南），保靖次之（彭藎臣），其兵天下莫強焉。近嘗調三千人，後調六千，此在官之數也，實私加一倍，共一萬二千人。（按：《江南經略》卷八下亦云："其數雖名六千，實一萬二千人，蓋正數六千名，乃欽命調來，加倍六千名則正數之外，其將保靖宣慰彭藎臣，永順宣慰彭翼南希覬功利，私募而来。"）其陣法：每司立二十四旗頭，每旗一人居前，其次三人橫列為第二重，又其次五人橫列為第三重，又其次七人橫列為第四重，又其次七人橫列為第五重，其餘皆置後歡呼助陣。若在前者敗

(二) 土兵

績，則第二重居中者進補，兩翼亦然，勝負以五重為限，若五重而皆敗，則餘無望矣。每旗一十六人，二十四旗共三百八十四人（按：《江南經略》作"每旗二十三人，二十四旗共五百五十二人"），皆精選之兵也。其調法：初檄所屬照丁揀選，宣慰籲天，祭以白牛，牛首置几上，銀副之；下令曰："多士中有敢死衝鋒者，收此銀，啖此牛首！"勇者報名，彙而收之，更盟誓而食之，卽各旗頭標下十六人（按：《江南經略》作"二十三人"）是也。其節制甚嚴，止許擊刺，不許割首，違者與退縮者皆斬，故所戰必捷，人莫敢攖。但沿途剽掠，胥謂其不可用。不知剽掠之故：一是因調來者非止一枝，有過得相推諉；二是因小頭目愚弄宣慰，謂人不可擅殺，殺則言官論之，朝廷罪之，彼然而聽之也。若以保靖、永順分為二班，輪歲更調，每調定以一萬二千人，每人月給工食銀一兩，每歲十四萬四千兩，先以四萬兩與調官領給土兵途費，不必騷動有司反稽途程。（《明史稿‧兵志》云："計所調兵若干，歲須金若干，先以三之一為道里費"，與此略異。）其來也：以一憲副督之，宣慰專主禁令，調官專主聚泊。每晚不許舟師亂泊，須視調官牽旗，然後魚貫而泊。次早卽行，勿容登岸。旣至，軍門以二千人派之溫台，二千人派之寧紹，二千人派之杭嘉，二千人派之蘇松，二千人派之淮揚，各以一頭目將官領之。其餘二千人宣慰自領，以聽軍門調發，隨處策應。有功者照常每級賞銀三十兩，給與本兵，無使土官侵匿。宣慰土官，大加陞賞。其歸也：憲副與調官仍照前法送之，則兵將感激，聞風知勵，何剽掠之有？所患者：土兵無鳥嘴銃，須軍門以素演熟者三千人分撥助用，其技藝為十全矣。或謂夷性難馴，萬一生變，何以制之？是殆不然。嘗聞二宣慰之言曰："吾祖宗相傳，土地官爵，遠自隋唐，未嘗易姓，以奕世謹守忠義故也。若恃兵勇，謀為不軌，朝廷下片紙，令鄰夷分取吾土，朝令而夕亡矣，得如今日之富貴乎？"又嘗聞其門帖云："心戀九重，跬

51

步敢忘燕闕北；手提三尺，英風長鎮楚天南。"又一帖云："節慾可以延生，何必遼天尋洞府；守分便是享福，却來平地作神仙。"此其心之明達，蓋可占矣，夫豈不守分量而率意妄為者哉？若二司更調，各逞賢能，各圖報効，各希爵賞，較之並調，為益不既多乎！

《籌海圖編》又云：

湖廣九溪等衞、容美宣慰等司、桑植安撫長官等司、麻寮等所、上峒茅等峒（按：《續文獻通考》作"上茶峒等峒"，《明史·土司傳》施州衞領有"上下愛茶峒"）各有驍勇土兵，慣熟戰陣，宜選各衞謀勇素著指揮統領。——予按短兵相接，倭賊甚精，近能制之者，惟湖廣兵鈎鐮鎗弩之技，必須動永、保二宣慰司精兵，使與北兵彼此夾持，部伍均配，器械長短相濟。

其強兵之故，尚有如《武編前集》卷五《論"邊俗"》中之所云者：

永順、保靖二司，凡一鄉出一無賴之徒，能殺人放火者，則極意撫養，以為殺手，財貨美妻，恣其所欲，一鄉盡役屬之，以是能強其兵。

明代調用湖廣土兵，嘉靖以前即已有之。洪武十七年正月，選湖廣土民譚天富為巡檢，集鄉丁自為保障，是為用湖廣土兵之始（見《續文獻通考·兵考》）。其後如弘治間平貴州賊婦米魯、正德間平蜀盜藍延瑞，皆土兵之力為多。即嘉靖間姚鏌之平岑猛、張岳之平龍許保，亦藉力於土兵。其調往江浙禦倭，則始於嘉靖三十三年，《實錄》卷四百一十七云：

十二月甲戌，命調永順宣慰司彭明輔、保靖宣慰司彭藎臣，各帥所部土兵三千人，前赴蘇松剿賊。先是總督張經議調廣西狼兵及湖廣民兵尚未至，而蘇松自十月後，新倭繼至者又萬餘人。經至是告急，因復以調兵請，許之。

其到江浙也，則在三十四年四月間，《江南經略》卷八下云：

(二) 土兵

麻陽兵以四月初三日過龍王關，初十日至丹陽，十六日至松江，勇敢與狼兵同，而殘忍山野過之……所過郡邑，支應工食，做狼兵之例，私募者有司不准其數，不以給。

《實錄》卷四百二十一亦云：

四月癸未，永順宣慰司官舍彭翼南，保靖宣慰使彭藎臣，各統土兵三千名；及致仕宣慰彭明輔，官生彭守中等報效兵二千名，俱至松江。（按：《松江府志》云："十二月十五日，徵永安土兵六千至，駐牐港"。若時日有誤，則"安"當為"保"之誤字，否則係指容美土兵調至之時日耶？）

隨即參加作戰，《實錄》同卷云：

四月戊子，三丈浦倭賊分掠常熟江陰村鎮，兵備任環督保靖土兵千餘（按：《江南經略》有"保靖兵素驍勇，為賊所忌，公命應襲彭守忠為中哨，易衣幟，賊不知也"數句），及知縣王鈇，指揮孔燾，分統官民兵三千，攻其巢，破之，斬首百五十餘級，燒賊船二十七隻，餘賊奔江陰（《江南經略》謂自用兵以來，陸戰全捷，未有若此者也）。

《南匯縣志》云：

四月（按《實錄》謂"四月辛卯"而不明言土兵參戰），川沙倭駕舟出海，適保靖宣慰使彭藎臣，永順宣慰使彭翼南以兵至，遂焚其巢。

《吳江縣志》謂彭藎臣戰死之事云：

四月二十六日，賊復從嘉興至唐家湖；湖水洶湧，賊不能渡。知縣楊芷引兵阻戰，賊駭奔平望，奪舟橫渡。芷令善泅水者鑿其舟，而自屯兵截盛墩斷其堤，並布釘板於水底，賊不敢渡，又無所得食。會幕府調遣保靖宣慰彭藎臣率兵二千來援，邑兵勢合，與賊戰於平望，藎臣為先鋒，斬賊首百餘級，轉戰至楊家橋，（按：當作"楊橋"，"家"字衍），斬首三十餘級。藎臣被創死；邑兵乘之，生擒一賊，斬首十八級，遠近稱快。於是將士知賊易破，人人思奮，皆謂盛墩捍禦之力居多，故更其名曰勝墩。

而蓋臣實未死，縣志所載誤矣。又《籌海圖編》載俞獻可記平望之捷，謂"永、保之兵皆失利，賊遂肆意猖獗（按：《江南經略》述此時事亦有"永、保兵既失利，賊遂肆意攻刦"及"二宣慰復失利，賊掠北關去"之語）⋯⋯浙直鄉兵擊敗之⋯⋯皆不藉客兵之援"，但亦未言蓋臣之死；而《實錄》卷四百二十二中所述，則不惟未敗未死，且建王江涇之大功矣。其文云：

五月甲午朔，柘林倭賊合新倭四千餘人，突犯嘉興，總督張經分遣參將盧鏜等督狼土等兵水陸擊之。保靖宣慰使彭蓋臣與賊遇于石塘灣，大戰敗之，賊遂北走平望。副總兵俞大猷以永順宣慰使官舍彭翼南兵邀擊之，賊奔回王江涇；保靖兵復急擊其後，賊遂大潰。諸軍共擒斬首功凡一千九百八十有奇，溺水及走死者甚衆，餘賊不及數百，奔歸柘林。自有倭患以來，東南用兵，未有得志者，此其第一次云。

而《籌海圖編》載胡松記王江涇之捷，《秀水縣志》引《平倭塚文》及《倭變事略》所述，皆與此稍異，要不過欲歸功於胡宗憲耳。今錄《平倭塚文》之與土兵有關者云：

會彭宣慰蓋臣率保靖兵來援，已而與賊戰于石塘灣，遇伏而敗（按：胡松記謂："遂有潰志，遠近震駭大失望"）。胡公親詣營中勞苦之曰："兵法'散地無戰，輕地無止'，若未請地利，故敗耳。今賊且亂，行死傷半，吾審地形為三覆以待之，破之必矣！"於是具牛酒，給弓矢器械，大懸賞格以勸之。彭兵感悅願效死。胡公乃部署諸將，分其兵為三：前鋒迎敵伴郤，左右翼縱賊敗趨王江涇。會張經自松江兼程至，而永順兵又從泖湖西出：四面合圍，賊大潰，斬首二千餘級，溺死者無算。於是封尸以為京觀，而三吳諸郡縣自是始解嚴矣。

以王江涇大捷功，永保土官皆受封賞。《實錄》卷四百二十二云：

五月丙辰，察視浙直軍務侍郎趙文華上疏報捷……上命賞永順宣慰彭翼南等四人銀各二十兩，紵絲二表裏。

又卷四百三十五云：

三十五年五月戊午朔（按：係"恰距一年"），巡按浙江御史趙孔昭上王江涇平倭功次。詔……進保靖宣慰使彭藎臣，永順宣慰應襲官舍彭翼南階，俱昭毅將軍。

繼而又有陸涇壩之捷，《實錄》卷四百二十二云：

五月乙卯，蘇松兵備任環督總兵俞大猷等官兵及永順官舍彭翼南等土兵，蘇州府縣鄉兵，進攻陸涇壩賊，敗之，斬首二百七十有幾，焚賊舟三十餘艘，餘賊奔潰（按：《松江府志》云："柘林之寇千餘人，流突李塔匯，歷張莊小崑山，趨泖湖而北；保靖宣慰彭藎臣率兵追之，抵蘇州之陸涇壩，大猷偕任環督兵擊之……"則藎臣之功亦巨矣）。

又有作戰勝利于丹陽縣境者，《江南經略》卷六云：

三十五年五月，麻陽兵大敗賊于城下。賊自圖山而來，將泊城下，適麻陽兵自京口南下，賊未知也。本鎮士民糾銀二千餘兩，賂麻陽之兵，潛竄土兵中，改其衣裝。既接戰，麻陽兵突出，賊大敗走，斬首七百餘級，以非軍門之命，故不報功。

趙文華既述其勤勞，《實錄》卷四百二十三云：

六月癸未，察視軍情侍郎趙文華言："始者賊過松江也，宣慰彭藎臣等與賊相持十晝夜。賊遁蘇州，藎臣及俞大猷任環合兵追之於陸涇壩，斬首五六百級，兵勢稍振。頃二司兵失利，而賊遂散逸：一犯常州宜興，一犯湖州長興，勢復猖獗，良由我兵寡勢分，士氣不揚耳。臣以為藎臣等報效之勤宜勞……"兵部覆議。上命降勅獎勵彭藎臣、彭明輔，各賜銀二十兩，紵絲一表裏；官舍彭翼南准實授；生員彭守忠給與冠帶。

周如斗亦言其功蹟，《實錄》卷四百二十四云：

七月庚子，巡按直隸御史周如斗言永順保靖之兵，屢戰多捷，實湖廣副使孫宏軾，參議王繼洛監督有方，及官舍彭翼南、彭守忠等實心幹濟，請優賞以示勸。兵部議覆。詔賜宏軾繼洛各銀二十兩，紵絲一表裏。

其後又復詔賜服色，《實錄》卷四百二十九云：

閏十一月癸亥，詔賜保靖宣慰彭藎臣、永順宣慰彭翼南三品服色，調令統兵剿賊。

其得勝利之光榮，與遭挫敗之瓦氏相較，眞若不可同日語矣。然不久即有新場之敗，土舍彭翅等死之，總督楊宜亦因以罷職而去。《實錄》卷四百三十二云：

三十五年二月己亥，罷總督南直隸浙福軍務南京兵部右侍郎楊宜。——先是三十四年十二月，蘇松兵備任環，都司李經，守備楊緇率永順保靖土兵，追剿新場倭寇。時賊衆二千人，皆伏不出，而詐令人舉火於數里外，若將引去者。保靖土舍彭翅引軍先入嘗之，不見一人，於是永順頭目田菌、田豐年（按：《江南經略》卷四下作"田豐"無"年"字）等爭入。伏起，我軍四面爲賊所圍，翅等與其所部盡死之。御史邵惟中以聞：因言旬月之內，酉陽（見後）永順兵再戰再北，皆由督撫經略失宜，將領觀望畏怯所致。乞飭宜與都御史曹邦輔俾無再誤，而究治環及經緇，幷褒恤翅、菌、豐年等。得旨：宜調兵萬餘，不能平賊，屢失機宜；今又多所亡失，大負委任，姑革任回籍閒住。邦輔環、經俱奪俸戴罪剿賊。翅等各贈一官，仍賜以棺殮具。

後且旌死難之田菌及其子耕以"忠義"之坊焉，《實錄》卷四百九十五云：

四十年四月辛丑，旌故蠻夷長官司副長官田菌及其子耕，建坊于所居，表曰"忠義"。——蔔，永順宣慰司屬目也。初以征倭，進攻新場巢穴，死之。子耕復父仇，斬獲有功。已贈蔔官，給殮銀百兩。耕疏辭給銀而請追襲其祖職張思明溪蠻夷長官職事。詔下守臣勘實，則張思明溪者係酉陽地界，非永順境也。其耕所稱祖職，亦無可的據，乃覆稱授耕職非便，宜仍給賞功銀兩，並建坊一座以褒錄之。報可。

以上所記，悉屬永、保二司之兵，其容美土司之兵，亦有得勝於曹娥江者。《實錄》卷四百三十一云：

三十五年正月癸亥，福建倭寇流入浙江界與錢倉寇合，原任留守王倫督容美土司田九霄等兵，扼之于曹娥江，賊不得渡。還走，官軍追及之于三江民舍，連戰，斬首二百級。復追至黃家山，盡殲之。

土司田九霄等遂因功受賞，《實錄》卷四百三十三云：

三月，總督胡宗憲以浙江黃家山捷聞，請錄容美應襲田九霄，舍人田九章及原任留守王倫功。上從部議：命九霄襲宣撫職，以紅紵衣一襲賜之；九章給冠帶；倫復原職，仍將兵殺賊。

而《籌海圖編》亦另記有容美土兵事，其《大捷考》所載吳欽所撰《清風嶺之捷》云：

嘉靖乙卯（三十四年）冬十一月，……台州告急，提督都御史胡公曰："……容美兵精悍甲諸部，萬里從征，朝氣正銳；但初未諳險陀，今授以布伏邀擊之法，則為全勝之技。"遂命分道布截：天台以南，譚綸兵當之；新昌以北，容美兵當之。……十二月，賊抵新昌，知應台關有備去；至嵊縣三界上館嶺，會容美兵陳而待：田九霄以正兵當其前，田九章援兵繼進，左翼則留守王倫伏兵當之，右翼則經歷畢爵伏兵當之，指揮吳江率部兵遶賊後背夾擊，且多張旗幟為疑兵以撼賊勢。賊四面受敵，且戰且走。我兵追之入清風嶺烈女祠，俘斬一百七十餘。

又張節所撰《後梅之捷》云：

乙卯冬十一月，倭賊……深入紹興，勢益滋蔓。提督都御史胡公宗憲親督兵備副使許東望，容美土目田九霄，同知曲入繩等兵往戡之。遇賊江橋，僅隔一河……乃令兵渡河：九霄邀其前，入繩襲其後。賊見兩兵迭至，大怖而走，至後梅，匿民家。公……乃悉衆圍之三匝，縱火焚之，死者強半……得脫者無幾，竟出洋去。

土兵既作戰得力，故胡宗憲請再調之，《實錄》卷四百三十五云：

五月甲戌，以倭亂，命再調永順、保靖土兵六千，聽總督胡宗憲調度，守浙直，蓋從其請也。

進剿徐海於梁莊之役，土兵亦甚得力，《實錄》卷四百三十八云：

八月辛亥，官軍進剿海寇徐海等於梁莊，大破平之。——初，海既縛獻陳東等，退屯梁莊聽撫，時索船索賞，進退未決。其部衆無所得食，稍稍出營鹵掠。至是官軍四面俱集，保靖、容美兵自金山至，永順兵自乍浦至，趙文華遂欲乘勢剿海，執海衆劫掠為辭，使人責問之。海知有變，乃阻深塹自守，為迎戰備。信好既絕，我師遂薄賊營。會大風縱火，諸軍鼓譟從之，海等窮迫，皆闔戶投火中，相枕藉死。——於是浙直倭寇悉平。

而參加此役之土兵將官，據《倭變事略》所附錄之《胡總督奏捷疏》，則除彭翼南、彭藎臣、彭守忠、田九霄等名已前見外，尚有永順長官汪相、向鑾（按：《籌海圖編·狗節考》謂此二土官于九月間官兵搗乍浦賊巢時死之）從北面放火燒巢，永順把總官汪浩、田有年等就陣斬首賊魁云。論功行賞，亦各有所得，《實錄》卷四百三十九云：

九月甲戌，提督浙直軍務尚書趙文華等奏上八月中梁莊平倭功次，共斬首一千二百餘級。因言水陸諸寇，相繼蕩平，皆上穹默佑，聖武布昭，非將帥之力能及此。兵部覆，請錄永保二土司彭藎臣、彭翼南、彭明輔、彭守忠等及文武將吏功；仍祭告郊廟社稷，以明德意。上曰：「妖氛蕩平，仰賴天地洪庇，朕心感悅。」趙文華、胡宗憲、阮鶚先賜勅獎勸；彭藎臣、彭翼南俱陞右參政，管宣慰司事，仍各賞銀五十兩，紵絲四表裏；彭明輔、彭守忠賞銀四十兩，紵絲二表裏。各處調至將兵數多，督撫官即時斟酌散回。趙文華令還京。祭告郊廟，禮部擇吉具儀以聞。

惟湖南土兵雖戰多勝利，而其軍紀，恐較狼兵為差，故前此即有主勿調遣之者，夏燮《明通鑑》云：

嘉靖六年正月，總督兩廣都御史姚鏌平岑猛亂，曾調永順、保靖兵八萬名。六月甲子，議復調之助剿岑猛餘黨。巡撫湖廣都御史黃衷言：永順、保靖土兵，素無紀律，所過騷擾，恐生他釁，請勿調遣。部議：宜令王守仁視賊緩急，以為進止。從之。

其調往禦倭，亦有認為非計者，《崑新合志》云：

李憲卿，字廉甫，戊戌進士。巡撫湖廣時，江浙有倭警，督府檄調容美等土兵；憲卿言越數千里徵兵，虛糜傳給，非計也。後土兵不戰，憲卿約束之，使悉還所掠云。

及調至途中，則所過縱暴，《崑新合志》云：

張情，字約之，戊戌進士。任九江府事，會調三峒兵備倭，所過縱暴，他郡多杜門遣犒，情獨郊勞酋帥，飲食其從者。咸感悅，相約束，往來九江，若不知有兵者。遷福建兵備副使，倭寇方急，情提一旅抗之，先後斬獲數百人，遂解連江之圍。

據此，則《世經堂集‧鄙見十一條》中推其搶奪之故，亦不失為一因：

苗兵頑獷搶奪，固其性然；然有司於其米蔬薪菜必用之物，皆不與本色折給銀八分，地方之人，又皆閉門罷市，不與交易。夫銀既不可充饑，彼將束手待斃乎？其肆行搶奪，有司殆亦有以致之也。

及平徐海而歸，沿途尤多肆掠，《實錄》卷四百四十二云：

十二月己亥，永順、保靖二宣慰司兵，自浙江平寇還，驕甚，無復紀律，所過肆掠商民，緣江上下，多被焚劫者。御史屠仲律以聞，請治主將彭藎臣、彭翼南罪。兵部議覆：藎臣等平賊有功，新受恩賞，遽加罪黜，恐孤遠人效勞之意；止宜斥責之，並治其部兵之首亂者。得旨：土兵沿途騷擾，本宜治罪；但念殺賊獲功，藎臣等姑勿問。今後浙直督撫官各遵前旨，團練、鄉兵禦賊不得輕調客兵。

然永順、保靖之兵方歸，而所調之桑植等兵始至，其後有舟山之捷。《實錄》卷四百四十五云：

三十六年三月戊午，江南自乍浦沈莊捷後，浙直之倭悉靖。惟寧波府定海、舟山倭據險結巢，時出劫略。我兵環守之，不能克。是時，土兵、狼兵及北兵、葫兵悉已遣歸，而川貴所調麻寮、大剌、鎮溪、桑植等兵六千人始至（按：《湖南通志》引《永順府志》云："桑植宣慰司本慈利縣地，嘉靖間調土司向仕祿征倭。下峒長官司向國用，嘉靖隆慶間兩次調征倭寇有功"。又《象山縣志》云："三十四年乙卯，倭攻上虞，督師胡宗憲統麻陽土兵進剿，斬首五百餘級，餘盡擒之"。麻陽若指麻寮而言，則不可能，疑亦指永、保土兵而言）。總督胡宗憲乃留防春汛，分布浙直要害。而簡麻寮、桑植二司殺手幾百人隸總兵俞大猷，令經營舟山之賊。會十二月二十日夜大雪，大猷乃督官兵及桑麻兵環巢四面攻之。賊悉銳出敵，殺土官莫翁送（《籌海圖編·狗節考》云：十二月，官兵與賊戰于舟山，冠帶把總莫翁送死之——翁送，桑麻土兵頭目也）。諸軍益怒，競進，賊大敗歸巢，擁棚自固。我兵積薪草以椶蓑捲火擲之，賊四散潰出。諸軍共斬首一百四十餘級，餘悉焚死，被掠男婦得出者百餘人，賊遂平。捷聞。上命賞宗憲及巡撫阮鶚銀四十兩，彩緞二表裏；陞大猷署都督同知，兵備副使王詢官一級；賞都指揮路良，把總指揮張四維銀十兩；桑植安撫向仕祿，麻寮千戶唐臣，各與四品服；贈陣亡莫翁送為安撫，給葬如例。

除夕之夜，又破滅謝浦之賊。《定海廳志》云：

時謝浦之賊，移據吳家山，屢攻弗克。胡宗憲調桑植、麻寮兵三千，檄張四維以歲除，乘雪夜襲破其巢，悉斬之。(《籌海圖編》云："胡公命把總張四維以麻陽兵當歲除夜襲破之，俘斬無遺。是年兩浙之賊，數踰二萬，皆次第就擒，而謝浦之寇，即舟山之餘孽云。")

土兵立功於江北，《籌海圖編》與《通州志》謂始于三十五年四月間。其文云：

賊遁出江，副使馬慎追敗之于狼山。既而福山把總鄧城又追敗之，沉其舟十一。——是年犯江北之賊凡五，而廟灣之賊尤劇，副總兵盧鏜，參將劉顯，土舍人彭志顯屢進攻之，賊遂敗遁。

惟據舟山之捷一文，則彭志顯所領為大剌土兵，此時尚未到達，故疑係涉及後事之誤。《阜寧縣志附錄·平倭碑記》云：

嘉靖丁巳(三十六年)夏五月，有大洋倭寇四千餘眾，突犯江北通泰濱海地方，內外警動。彼該協守浙直副總兵盧鏜奉總督胡宗憲鈞牌，及該總督漕巡王詰，提督操江高捷，應天巡撫趙忻，巡按御史馬斯臧，兵備副使于德昌，監軍主事葉可成，淮揚知府姚鉉、劉崇文等，同知唐維，山陽等縣知縣田孔陽等計議：齊助兵船糧餉器械，隨統遊擊史符，指揮彭鶴年、楊伯喬、周官，土官彭志顯、張志憲、伍惟統，定海衛義民李武、張達及欽依海防把總賈勇等率漢土等兵三千餘名應援，殺至灣頭、楊子橋、王家莊，三戰三勝，賊皆挫敗而走。六月十五日，追至淮安廟灣地方；十七、十八等日，在於蛤蜊港海口，與賊鏖戰，用烏嘴銃打沉賊船二十餘隻，傷死倭賊無算，俘斬首從，奪獲兵器及被掠婦女解報。殘倭大敗，負傷墜胆，逃遁開洋，地方遂寧，軍民安堵云。(按:《廟灣鎮志》謂"參將劉顯亦率苗兵來擊之";《實錄》卷四百四十八亦謂"參將劉顯率苗兵直前衝賊,親斬其渠首,賊衆披靡,諸軍鼓噪繼進,賊爭走舟,我水陸兵夾擊之,斬首百餘級,賊多焚溺死者"。是劉顯功最,而此碑不載其名,不識何故?)

其後舟山之捷,土兵亦與有功,《籌海圖編·大捷考》載俞獻可所撰之文云:

嘉靖戊午(三十七年)春二月,總督侍郎胡公旣擒獲元兇王直,其餘黨泊舟山之岑港,倚險列柵,勢甚猖獗。公命把總任錦,指揮甘述宗等進泊江(港)口之南,都指揮李涇、指揮張天杰等泊港口之北,總兵俞大猷等以福船幷叭喇烏八槳串網船往來策應;指揮周官、土官彭志顯領大刺土兵由中路小河嶺入,指揮楊伯喬、唐鏊,土官張[窖]領鎮溪、麻寮兵由右路碇磯入,參將戚繼光率部兵由左路小嶺入;而指揮楊永昌、盧錡、鮑尚瑾、方昇,通判吳成器等分道策應;參政王詢、劉燾,副使陳元珂則監督之:約期水陸並進,直抵賊巢……公親涖定海,分遣將領,各與信地:福船由岑港南口,廣船由北口,宣撫田世爵,都指揮何本源等兵由馬礜至張磯……乘隙進攻,賊衆大亂。夜分,縱火焚其舟,死者無算……王直之黨,至是盡矣!

翌年鎮溪之兵,又助唐順之與倭戰于三沙,《荊川外集·行總督軍門胡手本》云:

五月十五日至三沙……十八日,率兵上岸立營,而職帶守備高浧等兵五枝及土官張窖所部鎮溪兵亦續至,聯營而居……是時,總督軍門遣遊擊王應岐率兵五千應援,又遣都司李忱所募土官吳九韶鎮溪土兵四千赴三沙。六月初一日,王應岐全軍至,吳九韶兵四百先至。初六日,會兵合戰……右哨王應岐兵……不顧主帥而先潰,左哨張窖兵亦潰……明日,吳九韶兵盡至,名為四千,實不及二千也;蓋土兵張零數以冒糧餉,大率如此。

而賊堅壁不出,至七月初九日,湖廣土兵三枝遂被遣走(見《荆川外集・三沙賊遁疏》),其後倭患漸平,所調土兵當亦歸去矣。

至調遣土兵之弊,游震得《邊防議》言之最為詳盡,《湖南通志》及嚴煜❶《苗防備覽》載其文云:

邇來東海征倭,動調永保、容美、并大剌、鎮溪諸土兵,涉境三千餘里。以身桿言之:始則官為捕送,繼則兵自搶掠,拘繫連月,勞苦彌年,商賈為之不通,舟人因之喪業,其困一也。以供億言之:土官目把,名色衆多,廩糧犒給,應付無藝,公帑易空,民力并竭,其困二也。況又分兵陸行,騎坐馬匹,數百為羣,腠壯則佔騎不還,瘦弱則倒死相繼,其困三也。寄宿民居,析屋為薪,毀廩求食,甚至捲攜人畜,姦辱婦女,此則水陸之所同苦,其困四也。且土兵以調發為重,驕盈之氣日生,楚人以調發為苦,疑畏之心日甚,惟思轉徙以冀倖免;若復再聞調發,必將瓦解流移,設有奸宄乘機嘯聚,烏可無慮!至瀘溪蠻兵,通上下五都,共止編戶二里,老弱生齒,數才二千,選其強壯,不過十得二三,又皆山野頑民,其號為長技者,捕獵小能耳;非若軍衛之兵,教練有素,統屬有主。若必調取,縱之遠行,飽則聚而為民,饑則散而為盜,誠恐赴敵未有可冀之功,而地方先有難勝之害。伏乞渙發德音,示無再調,則民安無擾,而隱患可弭矣!

萬曆十年,巡撫陳省亦請毋再調,《實錄》卷一百二十六云:

七月甲申,湖廣巡撫陳省題:永順、保靖二司土兵,原無堪用,調至未見有功,而沿途殺擄,慘不可言。以後各省寇亂,不得擅議再調。部覆如議,從之。

然四十一年五月中,徐階曾請調永順土兵往廣東禦寇(見《世經堂集》),其後朝鮮遼東之役,皆調永、保土兵往援(見《明史・土司傳》),則

---

❶ "嚴煜",當為"嚴如煜"。——編者註

明代之借重於土兵者亦云甚矣！土兵又名苗兵，而當時苗子白之兵亦曰苗兵，《無錫金匱縣志》云：

> 甲寅（三十三年），倭自滸墅過望亭，將趨邑城，聞新安有土兵，以為苗兵也，轉而南。苗兵即邑人苗子白，曾率義兵斬倭首閻三等數人（按：《縣志》又謂"張守經善射任俠，傾其家貲，募集鄉勇，延教師何五路為之督，而奉諸生苗子白為謀主，斬其首閻三等數人"云）。

《江南經略》卷五上《望亭鎮險要圖說》中亦云：

> 甲寅，倭寇自滸墅而來，過此至新安，聞有土兵在南門鋪，以為苗兵也，後轉而南，縣城得無恙。

然其同卷《無錫縣倭患事蹟》中，則謂係"窰兵"之誤云：

> 三十四年六月，賊至新安，縣城戒嚴。——先是王知縣募窰夫為兵，結營南關，號曰"窰兵"。賊掠蘇州至滸墅，欲由高橋出江陰，蓋恐蘇州兵船絕其歸路也。至新安，擄居民問之曰："無錫有官兵乎？"應曰："有。"曰："奚兵？"曰："窰兵也！"賊驚曰："苗兵在無錫，行幾遇之！"乃退走，取道常熟而去。

雖兩段年代不符（按一為"甲寅"，一係"乙卯"），但當是一事之傳說微異耳。又卷三《太倉州倭患事迹》中云：

> 四十四年四月，賊犯三沙，巡按御史溫公如璋，兵備副使耿公隨卿，督副總兵郭成等討平之……因二公威令禁搶首級，故苗兵得攘之為己功云。

而卷七《海防條議》中亦有"郭總兵原帶苗兵"之語，然疑此非湖南苗兵，乃指四川苗兵而言，以郭成固叙南衛人，而川兵之調來禦倭者，亦多係土司之兵也。

（三）北方兵

《籌海圖編》舉列有北方兵并評論之云：

山東、直隸、徐邳、山西，善使雙頭棍、標鎗打手。

徐州箭手。

保定箭手。

涿州、河間等兵。

徐邳、淮陽乃勁兵所產之處，破賊有徵，多可用，與經戰者，就委慣戰者參遊督率而來。

北兵所長，優於騎射，東南水鄉，技難獨展。

惟此外尚多其所未言者，今為分段考之如下。

（甲）徐—邳—廬—宿—潁—亳— 淮—泗—沛—靈璧之兵

徐邳之兵，初募盜為之，《實錄》卷三百八十八云：

三十一年八月丙子，福建參將湯克寬請募徐邳盜為兵。兵部覆：自古亦有舉士于群盜者，且克寬父慶嘗用之破江洋賊有效；可許。從之。

王世駉《馭倭錄》評其事云：

按募盜為兵非法也，而建白又自參將，乃兵部覆行之，是時猶重武臣。若在今日，兵部必不覆；即覆之而臺省且有言矣。

實則募盜為兵，若馭之有道，則既得其為國用，又去其為民害，法亦善者，然此固不足為常法，亦非可語於今之世者，今世固多藉盜邀爵，而非馭之有道者也。其後克寬即率以禦倭，《平湖縣志》云：

三十二年四月二日，倭犯海鹽，自竹林廟經邑境……巡撫王忬檄參將湯克寬率邳兵三百來援。二十三日，賊數百，駕七艘，薄乍浦城南索糧食。守禦指揮姚洪度克寬將至，佯約降，賊因掠附近村落。比援師至，已飽颺。有遠掠回者四十餘，窟高公山負固獨留。克寬率所部親冒矢石盡殲之。

《嘉興府志》亦云：

三十二年，倭大至，以三十七艘泊東關龍王塘，直抵城下，四面亟攻，城中震駭。克寬獎率官軍，百計捍禦。所部邳兵劉黑虎、黑煞神等三百餘人，並驍勇絕倫，分門督守。克寬親自繞城巡察，衣不解甲者五晝夜，賊知有備去。

克寬亦遂由福建調守金山，《實錄》卷三百九十八云：

三十二年五月庚午，部議調募江南北、徐邳等處官民兵以充戰守。命分守福興、漳泉參將湯克寬充海防副總兵，提督金山等處。

故其部下兼有漳兵，未幾，即敗績于南沙，《實錄》卷四百零三云：

十月己卯，總兵湯克寬督邳漳等兵擊南沙倭，敗績，亡卒四百餘人。

當時人固重視邳兵，故給餉皆較別兵為多，然或因出身綠林，軍紀終難完善，故《籌海圖編》引舉人王文錄《論"慎召募"》有"邳兵則酗酒逞兇，彈絲唱曲，而徹夜淫遊"之句云。其後又戰敗於朱涇，《松江府志》引《金山縣志》云：

三十三年十一月，賊屯呂巷，湯克寬駐師朱涇，兵散處無部伍。初九夜，天晦黑，賊襲殺邳兵千人。

故克寬所領邳兵之聲譽，恐因此而減價矣。又鄭端簡奏議有"分守通泰等處參將解明道稟稱操江衙門調委帶領江北兵勇壯快一千名，大小沙船數十隻，前往江南蘇松策應捕倭"，故《江南經略》卷二下云：

三十四年六月初五日，賊二千餘人，自崑山至婁齊蒴三門焚刦，鎮撫蘇憲臣禦戰死焉。次日，至閶門，屯洞涇橋，兵備副使任公環、知府林公懋舉、總兵解明道分率徐顒等兵出城剿之，斬賊首五十餘級，生擒二人。賊奔楓橋，復流刦太湖洞庭兩山。

是知此所謂"徐顒等兵"，實乃解明道所統率者。其時又有唐欽堯者亦請以邳廬兵助城守，《嘉定縣志》云：

唐欽堯，字道虔，嘉靖中應貢北上，聞倭警還。白大吏，請邳廬兵，集壯士助城守。賊薄城，登陴射之，解圍去。——先是城無宿糧，欽堯請于縣，儲粟十萬石，故城久圍而民不恐。

又有作戰于江北者，《實錄》卷四百零九云：

三十三年四月乙未，御史李逢時以江北寇警聞，上從部議，令鳳陽巡撫鄭曉嚴督將領，戮力蕩平，仍聽其以便宜調徐州兵用，事寧，列功罪上之。

《通州志》云：

四月……賊退走狼山。二十八日，徐宿邳援兵至，合城中兵追及之，賊從數十艘遁去。徐州兵備副使李天寵聞通州被圍，率所部兵赴援，至如皋，遇敵接戰，斬首九級，生擒一人。比至通，倭已退，遂料理防禦事。

其見於鄭端簡奏議者，則《擒剿倭寇疏》中有云：

三十三年四月二十八日，[賊]到蔣婆鋪，遇徐州官兵對敵，將倭賊頭目阿細吾幷不知名當先首賊共九名就陣殺死，生擒謀主一名樂和，餘賊大敗逃走。

又《剿逐倭寇查勘功罪疏》中有云：

各官因見賊勢衆多，兵非素練，一時恐損兵威；及聞新任梅參將所統邳宿精兵將近，只得少待同行，未曾前進……邳兵亦殺倭賊三四十名，義勇官沙子現與宿州衞百戶高時爭奪首級，被賊掩擊，將伊等幷，邳亳兵勇郭萬良等殺死七十九員名，守備楊繒劄住部下官兵連發數箭，將賊射退，仍回如皋。次日，各賊船開洋逃遁去訖。後因賊退，巡撫衙門將徐兵、淮兵、邳兵陸續發回，又恐防禦乏人，將原調宿潁靈璧等州縣驍兵三百八十九名，選委鳳陽中衞指揮程宗統領，於本月十六日前赴通州梅參將下策應……巡鹽御史莫如士募邳兵以助戰，團商兵以守城。

又《勦平倭寇首級疏》（以上各疏均詳見柳翼謀先生《江蘇明代倭寇事輯》）中有云：

切恐窮寇乘風北走，尤為可慮，即欲再調徐、沛、潁、亳兵勇，前來防禦，又緣地方災荒，人情易動難安。

皆可證該處一帶之兵，類多能作戰者，故張經亦有請募之事，《實錄》卷四百一十云：

五月庚子朔，南京兵部尚書張經等言……請貸支兵部草場銀及南京戶部糧草折銀共二萬兩，委官于京城內外及宿邳等處，招募驍勇，充為前鋒，召原任指揮韓璽路正督操，以備征調。下兵部議覆，從之。

又卷四百一十七云：

十二月辛巳，兵部覆上總督張經條陳……一，"議置遊兵防護"：言比歲倭賊焚燒糧船數多，乞動支南京戶部募兵銀兩，遣官于徐邳間召募驍勇一千五百人，付將官周于德領之，俾其沿河哨護……詔允行。

其應募士兵之可攷者，則《徐州府志》云：

徐實，沛縣人。嘉靖中，朝議調山東及徐邳兵剿倭，實兄弟三人，皆應募至蘇州，與倭戰，師潰，實獨不退，兄弟皆鬥死。

（三）北方兵

《江南通志》云：

　　任巡，蕭縣勇士。嘉靖中，倭寇淮揚，巡應募至廟灣，數戰皆勝。單騎還，遇別寇突至，巡更還戰，矢盡馬傷，遇害。事聞，荷優卹（按此，應是三十八年事，今并述之）。

　　蓋徐邳一帶之人，自古即多英雄豪傑之士，以體骼類多強健，而謀生則較困難，故甚樂於當兵。且因明室陵寢所在，兵防素即謹慎，故官兵亦堪作戰，腐化程度決不至如江南，《實錄》卷四百二十二云：

　　三十四年五月己酉，贛楡倭流刼海州沭陽桃源等處，至清河阻雨，徐邳官兵分道麀之，殲于馬頭鎮民家，斬首四十一級。——此賊自日照登岸，不及五十人，流害兩省，殺戮千有餘人，至是始滅。（按：《淮安府志》云："嘉靖三十四年，倭賊三十六人，自海州流入境，遇邳州兵而殲。"）

　　又有王完伯者，亦以徐兗精兵破倭，《揚州府志·兵志》載其事云：

　　丙辰（三十五年），參將王完伯率所部徐兗精銳兵守揚州，設伏於鐵盤廠，先引弱兵轉戰至伏所，麾騎兵衝擊，大破之。賊稍戢。

　　而李遂淮揚之捷，徐邳等兵固亦與有功焉。

（乙）山東長槍手—青州—沂州—兗州等處之兵

　　山東兵之參戰，據《江南經略》則始於三十三年，其卷二下《長、吳二縣倭患事蹟》云：

　　四月二十日，賊首阿八王率衆分艅而入……二十七日，復衝莍門，參政翁公大立提青州兵與戰，勝之，復退……五月初三日，攻莍門，山峽❶、青州等兵出城接戰。賊初意城中兵少，見兵衆大叢，戰數合，我兵皆大勝，斬獲傷死者甚多。是夜，賊不敢寐，相背而坐，遂

---

❶ "峽"，當爲"陝"。——編者註

遁回崑山之新洋江。

然據《實錄》則徵調山東之兵，始於王國禎等之上疏而廷議任張經為總督之時，其卷四百一十云：

三十三年五月丁巳，給事中王國禎、賀涇、御史溫景葵等以倭寇猖獗，逼近留都，各上疏乞調兵給餉及推選總督大臣，重其事權，如往年征剿華林、麻陽諸寇故事。下兵部集廷臣議，俱稱便，因薦南京兵部尚書張經堪任總督。調兵當遣御史及本部司官各一員，齎太倉銀六萬兩，往山東調發奏留民兵一枝及青州等處水陸槍手共六千人，人給軍裝銀十兩，令參將李逢時、許國等督赴揚州，聽經調度。給餉當取之南京戶部銀五千兩，臨德二倉銀五萬兩，及截留起運米二十萬石。其紀功責之各巡按御史，賞格與邊功同……議入，上允行之。

隨即遣御史與兵部司官往募兵，《實錄》同卷云：

五月甲子，遣福建道御史溫景葵、兵部主事張四知，往山東募兵禦倭。

而山東兵至嘉定，亦即有新涇橋之捷，《實錄》卷四百一十三云：

八月癸未，倭寇自嘉興還屯柘林等處，進薄嘉定縣城。會募兵參將李逢時、許國以山東長槍手六千人至，與賊遇于新涇橋，逢時率其麾下先進敗之（《嘉定縣志》作"夾河射却之"）。賊退據羅店鎮，官軍追及之，擒斬八十餘人。（按：徐學謨《世廟識餘錄》則云："國史止據邸報書之，而云是役擒斬八十餘人，疑當時張經之誣奏如此，即所謂斬民間禿者首耳（見後文），實未嘗獲一真倭也。"）

《籌海圖編》則謂"參將許國、李逢時敗賊于師家浜"云：

[賊首王]直知官兵將搗其巢，乃進營于師家浜，列七星陣以待，官兵擊之，大敗而去。既而又進攻之，賊固守其舟。時二參將所統者皆北兵，不知地利，屯所遇潮，死者甚眾。無何，賊由原港出海，水兵

追戰于老鸛嘴之四馬洪，大敗之。

地點及事蹟雖與實錄不同，但亦謂其獲勝，惟不久即以敗聞矣，《實錄》同卷云：

八月庚寅，山東兵復追擊倭寇，至採淘港，乘勝深入，伏起，我兵大潰，溺水死者千人，指揮劉勇（《嘉定縣志》作"劉永"）等死之。初，新涇之捷，李逢時功最，許國恨逢時與之同事而不先約己，乃別從間道襲賊，欲以分逢時功。會暮大雨，劉勇等兵先陷沒，諸軍繼之，皆倉卒不整，遂大敗。

而《世廟識餘錄》述其敗狀云：

兵行羅店鎮，俄而雨大至，或勸之收兵，兩參將徑督之而前。始至採淘港，不見一倭。惟倭船數隻泊港，而皆以絮被蒙之。長鎗手彎弓亂射，終不動。比過午，海潮已上，諸港俱漫，賊十六人，忽于蘆葦中躍出，橫刀滾入吾陣。長鎗手突亂，盡棄鎗走，臨港不得渡，則自相殺或溺死，凡死者三千餘人。

而《嘉定縣志》且謂"資糧器械，悉為賊有"焉。敗書報聞，遂罪逮屠大山等至京訊治，《實錄》卷四百一十五云：

十月壬申，命錦衣衛械繫原任應天巡撫屠大山、參將許國、李逢時、副總兵解明道至京訊治。先是採淘港之役，坐兩將不相能，各兵趨利不止，故垂成而敗。時明道督水兵泊海口，坐視不救；大山方稱疾不視事。至是，御史張師价以敗書聞，請治大山、逢時、國、明道各失事罪。總督張經因併論山東監軍參政許天倫、副使周臣紀律不嚴，亦宜量罰。於是大山逮至黜為民，明道等論斬，天倫臣降三級，邊方用。

其後卹錄死事諸臣，而調兵禦倭已因此而失信用矣。《實錄》卷四百一十六云：

十一月己亥，追錄採淘港陣亡指揮劉勇，千戶孫、升胡應麒，鎮撫李繼孜，義勇官徐恭，各陞襲贈級，命有司立祠如例，并恤其從軍死事者家。參政許天倫，副使周臣免降調，各奪俸半年。時李逢時等既得罪，兵部復言天倫等皆山東監軍官，原無地方之責。獨都指揮盧鏜、僉事任環當坐。而鏜已戴罪殺賊，環歷戰有功，四臣俱在應議之列，乞姑貰其罪，而卹錄死事諸臣。又言禦倭之法，惟戰與守；然必守定始可議戰，民聚始可議守，據險始可聚民。今當事諸臣，苟且目前，未有為公家長慮者。各郡邑一值賊至，計無所出，獨擁孤城以待調兵至耳。今東兵既挫，復調廣西、湖廣等兵，征調愈多，則民愈困，民愈困，賊愈不止。乞勅守臣講求據險聚民之策，招集崇明等縣沙船，練習水戰，毋專恃調兵。得旨：島夷肆掠地方，實由逆徒勾引，各有司未能多方擒捕，以致猖獗日久，蘇松府衛州縣諸掌印捕盜官，俱當逮問，以時方用人，且俱令停俸戴罪立功自贖。沙兵沙船付任環招集，督令殺賊。其贈卹死事官兵，俱如擬；天倫等姑奪俸留用。

又隨即將山東兵詔還，《實錄》卷四百一十七云：

十二月甲戌，詔遣原募山東禦倭兵還。自採淘港之敗，東兵遂不振。會主將李逢時等被逮，皆鬱鬱思歸，稍自引去。總督張經請下有司追捕。兵部言此輩俱係北土烏合之兵，驅之蘇松水澤之地，固非其宜，今不如悉放遣之。詔可。

惟此次調來之兵，張經謂其"紀律不嚴"，以事證之，則《嘉定縣志》云：

青徐兵皆召募無賴，始至，日斬平民寡髮者冒賞。一日，斬首以獻，知縣楊旦曰："此婦人耳！"問："何以識之？"旦言："男首必俯，女必仰"，驗之良是。主者不問，殺掠益橫。

《江南經略》卷三上云：

（三）北方兵

青徐兵俱召募惡少，許、李二參將皆世冑子，不諳兵法，不識地利，各務僥倖成功……二參將懼誅，遂多殺平民之寡髮者以冒擒獲。

而《世廟識餘錄》云：

是時總督尚書張經自駐常州府，而遣兩參將剿倭，已兩大不相制，而贊畫者為南京兵部主事譚綸、盛唐，權不足以攝兩參將，任其爭功喜殺。每日率諸長槍手出城揚兵，則斬民間禿者報捷。於是知縣楊旦哭訴之督粮參政翁大立，大立言之贊畫主事，綸等謬解之曰："兵氣欲揚，公奈何阻之也！"大立怫然起曰："凡人一念是，可以動天感神；一念差，可以覆宗絕嗣。公等為民剿賊，乃殺民當功耶！"綸等竟不聽，而益縱長槍手恣意騷擾，奪民居棲宿，即米鹽醬醋之類，俱被掠盡。民甚苦之，大立乃促之出兵。

是如此之士兵，安有不一戰而即敗者。然據三十三年五月十三日，徐階《請發兵征倭疏》而論，則此兵固原非精銳者矣。其文云：

臣前日同臣嵩等因見浙江、南直隸等處撫按等官奏報：倭寇猖獗，蘇松等府，通泰等州，民遭焚劫慘毒之害甚深。惟財賦重地，前賊宜速勦滅，題請敕下兵部會議兵糧等事，已荷蒙聖明允行。隨據該科道官各題要設官調兵；又該主事郭仁等揭送兵部要得戶部發銀，差御史一員，選募山東長鎗手數千名前去征勦，蓋以江南無兵，蘇松尤甚，而長鎗手勇悍可用也。今聞諸臣會議，率云此時發兵，比至則賊已去，空自勞費。兵部不能獨持，姑議令參將李逢時帶領山東存留民兵三千名前去。臣聞此兵係是入衛揀退之數，技能素劣，調去無用。夫兵事誠非臣書生所知，但稽諸往事，倭寇自去年以來，倏去忽至，迄無寧息，南沙盤據，歲餘始散。又據撫按奏報，或云來者未已，或云意不在搶而在擾，勢不欲去而欲留，彼皆身在地方，必有所見。今諸臣何以能必賊之已去，且能必其去而不來，而只以懸度輒阻調兵，置江南於度外，此臣所不能解也。凡用兵之道，使勢不容已，則當選練精銳以冀有功；使在可已，則雖精兵亦不當調，以省勞費。令不能決可否之實，而姑以弱兵應，虛文塞責，徒費無益，此又臣所不能解也。臣愚伏乞皇上再下兵部，令詰問諸臣，若於賊情果有真見，保無他虞，則此三千之兵亦不必調；若出謾說，則須別議精選，毋致空行，重貽君父南顧之憂。緣此事關係重大，臣不敢緘默，伏乞聖明裁斷。

《江南經略》卷八下謂在濱州所募者，亦皆流落亡賴之徒云：

張司馬委蒙主政募兵於濱州，以閒住都司張國威統之，其數雖有一千四百餘人，聞皆流落亡賴之徒，身銀且各費三兩矣。此客兵之最下者，與山東處邳所募相伯仲也。

又《倭變事略》云：

三十四年二月初八日，有調來客兵一枝，吹牛角聲為號，沿海北來，抵吾鹽，呼於北城門外，守者疑而不納。有頃，統兵官至，遞牌入，始知為山東兵官。既入城，兵散處城外，掠姦索食，不減於賊，民恨無訴。後遣戰於嘉興，蠢懦無比，臨陣遁逃，徒糜兵費，為吾郡蠹。

此當為另一枝兵，其紀律亦不佳，《籌海圖編》所記橫塘之戰，其死節之青齊將士，不知係指此枝兵否？其文云：

三十四年正月，賊至湖州橫塘，官兵與戰，敗績，福建副理問陶一貫、溫台守備周奎等死之。時同死者：青州指揮孫勇，羽林百戶陸陵，玄鍾百戶周應辰，山東把總梁鄂，武生郭周、張景安、朱平、姚清。孫勇，故青齊驍將也，是役亦手刃數賊，以眾寡不敵，故敗歿。

而擊周浦賊者亦潰敗，《松江府志》云：

十月十六日（丁丑），總兵俞大猷帥兵萬餘擊周浦賊，鄉兵潰，山東兵皆奔竄（《實錄》謂："四哨俱奔潰，溺水死者數百人"），巡撫曹邦輔殿俊，師獲全。

（三）北方兵

其後在上海殉節者，又有鮑東萊，《山東通志》云：

鮑東萊，任城衞指揮，善騎射，膂力過人，破白蓮妖寇，著名東土。嘉靖三十三年，率兵征倭于松江。每出陣，建一白旗，所向摧陷。後建紅旗，與倭戰上海（按係三十五年正月間事），乘勝深入，賊環擊之。東萊及參將尚允紹躍馬大呼曰："吾輩受國厚恩，當以死報！"復殺數十人，矢盡遇害。

此即御史周如斗參總督楊宜等所謂"東兵、葫兵敗於四橋"（見《實錄》卷四百三十二）之役也。外此尚有王介者，則"鞠躬盡瘁"於揚州，《江都縣志》云：

王介，山東人，任楊州參將，勇於赴敵，雅知大義。累與倭戰，多所斬獲。後以病濕不能挽弓乘騎，猶輿疾對壘，勒兵以戰。或以請告勸者，介曰："倭奴未滅，遑恤其身，古人馬革裹屍之謂何！"竟以病卒揚州。初介調至山東，倭方薄城而陳。介鼓所部騎士，分兩翼以勁弩射之，賊皆裸跣，應弦而仆，死者山積。酣戰移日，士氣益奮，揚民自堞間窺之，無不呼噪壯之，賊勢大潰。會通州馬公子（按係"尚書馬坤之子"）率兵至，裝束與倭雜，介以為賊援也，稍引兵卻，賊得遁去。

是山東將官亦多有能作戰者，不能以一枝烏合之衆之遭遇失敗，即全然失望，故仍常調以禦倭，《山東通志》云：

嘉靖三十五年夏五月，調山東八衞兵禦倭。

徵之《實錄》，則卷四百三十七云：

七月己卯，山東撫臣以新調官兵七千名，赴浙直禦倭，乞留提編均徭銀四萬兩寧家。部覆：國賦不可議留，請命所屬六府均攤給之。報可。

兩書互證，則三十五年中固曾復調山東兵也。又《實錄》卷四百六十八云：

三十八年正月壬寅，總督浙直、福建右都御史胡宗憲以倭患未弭，春汛伊邇，請募山東民兵三千，選委謀勇將官，督駐蘇、松、常、鎮防守。兵部議覆，從之。

此兵後有留居江北禦倭者，《實錄》卷四百七十二云：

五月甲戌，總督漕運都御史傅頤等言：淮揚之間，倭寇方熾，鹽場運道，俱當防護，高郵重地，未設戍兵。適總督胡宗憲所募山東兵二千五百人由淮赴浙，乞暫留為備，俟寇息遣之。報可。

又《荊川外集·海賊分道侵突疏》中有云：

先是宗憲會同臣題、奉欽依用銀一萬兩，分遣都司何本源（按：係"往沂州募兵者"）、把總指揮邢鎮（按：係"往青州募兵者"），募山東兵三千名，防守江南。及是，猶恐江北事急，援兵未到，宗憲與臣各行文書，將前兵截駐江北，聽巡撫李遂調遣殺賊。

可作參證。其殺賊事績，則可於《荊川外集·咨總督都御史胡文》中見之，茲不具述。至於參將王完伯所部有兗州兵事，則已于前節述之矣。此外尚有《紹興府志》謂遊擊尹秉衡率北兵三千，在其境內作戰，胡宗憲剿平徐海奏疏中亦有其名，據馮汝弼《當湖剿寇紀事》，則秉衡為山東遊擊，與同時山東參將唐玉所屬者，皆應係魯省之兵云。

（丙）河南毛葫蘆兵—睢陳二衛兵—彰德兵—礦夫及角腦兵

《籌海圖編》謂河南兵之可調用者：

嵩、盧等縣調取毛葫蘆兵；

懷慶、弘農二衛調字號官軍，多驍健可用；

睢、陳二衛，宣武、彰德二衛軍兵，俱可調用。

其後調到江浙禦倭者，似祇毛葫蘆與睢陳、彰德三衛之兵而已。按《明史·兵志》云：

其不隸軍籍者，所在多有：河南嵩縣曰毛葫蘆，習短兵，長于走山。

而《續文獻通考》按語云：

考毛葫蘆兵元末已用之，蓋南陽、鄧州等處義兵萬戶府所統者也。太祖洪武元年，取其山寨，而是後仍自相團結耳。

所謂"元末已用之"事，《元史·順帝本紀》云：

至正十四年五月，立南陽、鄧州等處毛葫蘆義兵萬戶府。募土人為軍，免其差役，令討賊自效，因其鄉人自相團結，號毛葫蘆（魏源《元史新編》云："各佩毛胡盧藏兵器為號。"），故以名之。

又云：

十五年八月庚申，命南陽等處義兵萬戶府，召募毛胡蘆義兵萬人，進攻南陽。

而《續文獻通考》引《多爾濟巴勒傳》曰：

至正五年，為陝西行御史，修築奉元城壘，募民為兵，出庫銀，為大錢，射而中的者賞之，由是皆為精兵。金商義兵，以獸皮為矢房，狀如瓠，號為葫蘆軍，甚精銳，列其功以聞，賜勅褒美。由是其軍遂盛，而國家獲其用。

蓋其時盜賊蠭起，故自相團結以作保衛，元乃編之成軍而用以討賊者也。明時既相沿不改，故嘉靖前之武宗已曾調用之助防流寇，《續文獻通考》又云：

正德六年九月，調河南毛葫蘆兵助防流寇。是時流寇猖獗，既調宣延邊軍，又請調毛葫蘆千人，分守險隘。

嘉靖間又曾調往協守紫荊關，《續文獻通考·兵考》云：

二十四年七月，調河南民兵、山東長槍手，協守紫荊關。二十五年二月，兵部覆總督翁萬達疏，言山東長槍手，河南毛葫蘆，本非民間常徭，第每省至六千名，不無充以老弱，而議者遂謂無益。今宜量減，務取精壯者，每省各三千人，以一都司領之，取便住劄，候警赴援。詔每省留二千人。

倭患既盛，故亦調往江浙禦之。請調河南兵以禦倭者有楊宜，《實錄》卷四百三十一云：

三十五年正月己丑，總督南直隸、浙、福軍務侍郎楊宜言：吳浙民柔懦不可用，所調客兵，日久思歸。今松江、浙東間留賊尚千餘，新倭且至，何以禦之？請如正德間調各邊兵剿賊故事，每邊擇勁兵二枝，以敢戰將二人領之，期以三月至。河南睢陳彰德官軍及毛葫蘆軍共選三千，隨給甲兵衣費，以宣武等衛帶俸都指揮吳子英等統之，期以二月至。章下，兵部獨請調河南兵，其邊兵留以備虜。上曰：調兵原非經久之計，宜先請練選鄉兵，今又專說調兵，漫無定見，非委任至意。河南兵姑如議調遣，各兵備有司務將本處鄉兵，從實訓練，如再因循怠玩，巡按御史劾治之。

然毛葫蘆兵之禦倭，則楊宜請調以前已有之，故《松江府志》云：

三十四年十月二十一日，督撫以川兵六千，毛葫蘆兵四百復擊之（按係指"周浦倭賊"），天忽昏霧，不戰而北（《上海縣志》且謂"散亡殆盡"）。

《上虞縣志》云：

十一月，松浦賊……走邑西冀家畈，復至東門外。時同知屈某適率河南毛葫蘆兵駐虞，迎戰於花園畈，甫一合，官兵敗北，賊由北門外渡江去。橫屍遍野，慘酷不可言！

《紹興府志》亦云：

復至上虞東門，河南毛胡蘆兵迎戰於花園，損二百餘人。賊遂從北城外，由百官渡，過曹娥江。

故三十五年二月戊午，御史周如斗參總督楊宜即有"東兵、葫兵敗于四橋"之語也。其作戰于江北者，則《籌海圖編》云：

三十八年四月，參將胡宗義與賊戰于海安，兵潰，千戶趙世勳，鎮撫韓胤死之。賊尋為副使劉景韶所滅。時海安故有毛葫蘆營，毛兵素貪，宗義新任無紀，毛兵為賊所餌而敗，官兵皆潰，世勳與胤死于陣。提督李公遂檄副使劉景韶率邊兵逐之，賊大敗……俘斬盡絕，約三百五十有奇。

惟唐順之《荊川外集》之記此事也，則無毛兵食餌之說。其《海賊分道侵突疏》云：

又據劉景韶報續到倭寇，十九日辰時，毛兵交戰不利，殺傷官兵百餘，陣亡趙千戶，被賊越過海安，銳意西向，鋒不可當。本道見得事勢危迫，督令游擊丘陞，把總賈勇夾攻，毛兵只許劄營，不得浪戰。

又《咨總督都御史胡》云：

是時南枝賊勢張甚，殺趙千戶韓鎮撫，及毛胡蘆兵殺傷頗多。海防副使劉景韶屢屢告急，巡撫李即回揚州，本司亦適至，相與會議，南北分擊。

結果遂有《籌海圖編》所述之淮揚之捷，而毛胡蘆兵固與邊兵夾擊而始得此勝利者，其功績豈能抹殺之耶？除毛胡蘆兵以外，河南尚被調有睢、陳二衛之兵，前文已有所述及，《陳州府志》亦云：

嘉靖三十五年春正月，調睢、陳官兵禦倭。

然其作戰經過，則史無明文特述，彰德兵更只見于楊宜疏請，故均無從詳之。河南又有礦兵，《明史·兵志》云：

嵩及盧氏、靈寶、永寧並多礦兵，曰角腦，又曰打手。

《籌海圖編》記當時有名之礦夫云：

嵩縣李和尚李杲、白廷美，盧氏縣王九、張文廣，永寧縣馬雄、張呂，登豐(封)縣王試，宜陽縣葉張飛，靈寶縣王九宰等，俱堪調取。涉縣夏時，生長其地，習知礦場之事，可以統領。

又謂角腦兵云：

號角腦者，坐名取之，查照近例，量給冠帶，賞以銀牌花紅，假以把總名色，令其自率平日所與之人以來，官不別選，彼必忻然聽命，而來者必強壯可用之士。其中或舊有罪犯者，許令立功自贖。計得角腦十人，即可得兵一千。

然則所謂角腦者，其殆礦兵領袖之別名歟？常日請調礦夫之文，見《實錄》卷四百三十三云：

三十五年三月丙子，兵部奉旨覆議九卿科道條陳禦倭事宜……一，"慎徵調"；土夷驕悍難使，毛胡蘆諸兵，道遠不能猝日至，不如用嵩、盧礦夫及附近軍民兵之易集者……疏入，詔俱如議行。

前所言熟習礦場之夏時，固後來即在江浙禦倭者，惟《倭變事略》謂其統領毛胡蘆兵三千人(見前文)，《實錄》卷四百五十中，亦只謂其所領為河南兵云：

三十六年八月乙未，浙直總督胡宗憲，淮揚巡按馬斯臧各以江北倭患平定來聞，詔兵部侍郎江東統兵還京。束奏留參將徐玨所領保定兵駐揚州防冬汛，遊擊丘陞、夏時所領山西、河南兵，各遣歸該鎮。許之。

疑此之所謂毛胡蘆及河南兵，即包括礦兵而言之者也。

（丁）邊兵—河朔兵—順天、保定民兵—山西箭手—河間兵

《籌海圖編》論當時可量撥赴援之邊兵情況云：

(三) 北方兵

延綏、遼東兩鎮官兵，除已選入衞者不動外，其存留本鎮者，各練若干名，鎮巡衙門，選委謀勇素著慣戰將官管領，令其多帶火藥弓箭，星馳赴援。

延綏新遊兵二枝，內可量撥。

大同新選聽兵與調用遊兵，可量撥。

邊兵不耐暑熱，此後涉夏，潦濕方盛，恐難于用。若先行選定，仍令在鎮蓄養精銳，以俟緩急，方可。

其時俺答為患亦甚，南倭北虜，相對成趣，可調之兵，固甚少也。河朔兵之初至也，見于《松江府志》：

三十三年秋七月，賊屯川沙灣者，撤民房作營柵。初調河朔兵至，參將盧鏜〔率之進攻〕，戰于川沙中，遇伏敗，力士丁千斤、馬八百死焉（按：丁、馬事，已詳柳先生文中）。

其後楊宜請調順、保民兵赴軍門教練，《實錄》卷四百二十六云：

三十四年九月乙巳，總督侍郎楊宜請調順天、保定善射邊箭民兵一千人，赴浙直軍門教練。許之。

其河朔兵著名之戰績，則為宗禮等死節之一事，《石門縣志》述之云：

徐海等據柘林、乍浦久，丙辰（三十五年），出寇嘉興皂林。時中丞（按係指"胡宗憲"）奉令代張督府經，甫八日，麾下卒僅三千，及參將宗禮（《桐鄉縣志》云："禮由河朔赴閩，道出浙境，阮鶚與有舊，留之禦倭"，似不可信）所部河朔兵八百人（《籌海圖編》謂"所統箭手九百，皆精悍絕倫，所向無敵"）。急檄河朔兵屯崇德，自引兵壁塘棲，阮中丞鶚入保桐鄉。禮與禆將（《實錄》作"忠義官"）霍貫道帥驍騎五十人突之，殺數十倭。已而大呼眾力戰，復擊殺百餘倭（《實錄》謂"帥兵九百人禦之于崇德三里橋，三戰俱捷，斬首三百餘級，賊首徐海等皆辟易，稱為神兵"）。禮令嚴肅，自崇德鼓行至皂林，不及炊，兵皆枵腹。忽疾風傷火藥（《籌海圖編》云："徐海中砲欲馳去，會火藥盡，貫道面禮，二人皆仰天呼曰：'吾兩人再得藥數斗，可以了此賊矣'！"），又無應援，禮與貫道俱陷（《實錄》謂同死者尚有鎮撫侯槐、何衡二人）。倭乘勝圍桐鄉；督府引兵躡崇德，報至流涕，收河朔兵還省。

《浙江通志》引《分省人物志》記宗禮之功績，則較為詳盡云：

宗禮字周道，其先常熟人，隸籍於燕中。嘉靖武舉，由祖職署指揮僉事，任參將。奉命禦倭於浙，禮提兵掩擊，敗賊於新城堡，乘勝攻破新場，賊遯去。總督胡宗憲檄禮隨賊所向追勦之，連有吳江、嘉興之勝。至崇德縣，探倭至皂林，勢且犯杭，率兵往皂林迤西石橋止營禦之。倭萬餘，夾河來戰。禮統兵不滿九百人，殺傷甚多。賊敗去，番休來攻，三戰三北，死傷無算，軍大振。會石橋前鋒中賊砲，橋失守，禮被重傷，猶裹創奮臂戰。以眾寡不敵，兼乏食，軍無後救，力竭仰天呼曰："臣力竭矣！死當滅賊以報國！"遂遇害。事聞，贈都督同知，諡"忠壯"，建褒忠祠於皂林，有司以時饗焉。

是其死亦節烈可風矣！其後李遂請調山西兵戍如皋，見于《揚州府志·兵志》：

丁巳（三十六年），都御史李遂撫江北，以土兵、客兵俱脆弱，疏調山西邊兵三千戍如皋。

同年並以丘陞等往淮揚禦倭，見於《實錄》卷四百四十八：

六月甲午，命兵部右侍郎、江東兼都察院右僉都御史，提督山西保定河南等兵，以北樓口遊擊丘陞，京營參將徐玨，陞萬全都司夏時為遊擊，分統其眾，往淮揚剿除倭寇。

惟此兩書所言，或即同指一事，而詳略有不同耳。事平撤還，僅徐玨留鎮，前節已述及之。然實際則疑丘陞等並未回防，此可以《籌海圖編》證之，其《死難殉節考》中云：

（三）北方兵

陞北方驍將也，歲丁巳，倭寇淮揚，陞提兵應援，屢立戰功。寇平，督府因留之。每戰輒身先士卒，凱旋則殿後行，賊見輒為引避。

故《實錄》卷四百七十二云：

三十八年五月乙酉，命防禦儀真游擊將軍丘陞充參將，分守揚州。

未幾竟戰死於鍋團（《狥節考》作"七竈洪"），與狥節於浙省之宗禮可相提並論焉。《實錄》卷四百七十四云：

七月戊戌，江北諸軍追倭至鍋團，參將丘陞輕騎先進，賊覘無後繼，盡銳來衝，陞馬蹶被殺。已而我兵大至，賊懼奔十竈。陞山西驍將，今歲江北之捷，率陞所為，卒狙于屢勝，輕敵致敗，諸軍無不惜之。

《通州志》記其功績與戰況云：

丘陞，字嵩山，河南封邱人（《江都縣志》作"大同人"），由武舉，官守備，擢山西平陽游擊將軍。嘉靖己未（三十八年），倭寇江南，陞提邊兵鎮守。是時倭圍通州，副總兵鄧城不能禦，陞援之，至白蒲鎮遇城，陞揮兵遏其鋒，斬首百二十餘級。又襲如皋，竟趨丁堰，陞追剿，斬首百三十級，生擒二人。賊薄如皋城，陞陳兵東門外，斬數十級。賊却，退據嚴家莊，鄧城復引兵與戰，賊乘勢長趨，皋民被害甚酷。陞奮勇晝夜搏戰于仲家莊櫻桃園，勝之。賊沿海東掠，陞合副使劉景韶尾賊，晝夜躡之，遂致賊于廟灣，乃殲之，斬數十級，聚其首為京觀，樹以碣，至今呼為平倭塚焉。論功擢揚州參將（《江都縣志》謂王介卒于軍，以陞補禦倭游擊），復迫賊至海安，戰於曹家莊，敗績。越七日，陞奮怒擐甲，身先士卒，復鬥斬九十餘級。倭勢促，奔泰興，撲滅殆盡，所存才三十餘人。陞誓翦盡乃食，窮追三晝夜，單騎至新沙，日已昃，馬蹶陞仆，為賊所害。都御史李遂疏于朝，建祠祀焉。

遲至嘉靖四十年，保河民軍尚有留居江浙禦倭者，故《實錄》卷四百九十五云：

四月壬子，薊遼總督許論言：保河民兵三千，舊領之河間守備，以俟調發。今以一千征倭，宜撤回，更須特設游擊領之乃可。兵部覆言：南征者未可撤，其二千防禦薊鎮者，宜如論奏，特設領兵官遊擊一員。報可。

其時邊兵之能作戰，倭夷亦深畏之，故有聞塞上人聲而即遁去之事者，《揚州府志》云：

閻金，字體礪，任俠好義。戊午（三十七年），倭蹂畿輔，知府石茂華發民守城，民望倭薄城，率股栗。時西北賈客在揚者數百人，金召其豪，共登陴。有郜某者，連射殪其渠魁。倭聞陣間多塞上人，疑其矢非邊勁弓不能發，遂宵遁，境保無虞，金由是名聞江淮。

此外，馮汝弼《當湖剿寇紀事》中之所述者，除直隸總兵徐珏外，尚有直隸參將左灝與河間守備朱鑒之兵事焉。又《全城志》謂周應正（禎）盡捐貲募北兵千人赴浙，則不知所募為北方何處之兵矣。

（四）南方兵

按狼兵、土兵，皆在南方，惟既經別述，自毋庸並舉，茲所謂南方兵者，乃指川兵、廣兵、閩兵、浙兵等而言耳。今亦為分段考之如下。

（甲）陳元正—焦希程—曹克新—劉顯等所督率之川兵

川兵調來江浙禦倭，上編已有所述，其參加作戰之最早者，恐為陳元正所領之兵，《實錄》卷四百二十二云：

三十四年五月庚戌，參將盧鏜督百戶上江等兵及宣慰彭藎臣土兵、四川指揮陳元正蜀兵，攻倭於張莊。賊見兵眾，閉壘不敢出。元正以兵挑之；賊出戰，諸軍四面攻擊，縱火焚其壘。賊奔避，我兵追擊之，及於後港，賊反軍迎擊，諸軍皆潰。

疑此即酉陽土司之兵，本與湖南土兵連界，故相偕同路而至者歟？繼之則有曹克新軍，《江南經略》卷三上及卷四下云：

九月，總督都御史楊公宜，遣游擊將軍曹克新統川兵搗川沙賊巢，大敗之，燬其巢。賊遁至吳淞所，兵備副使任公環督舟師襲擊之，斬獲大半，餘黨遁走清水窪。

其後焦希程等又搗周浦賊巢而大敗之，《實錄》卷四百二十九云：

閏十一月己巳，周浦等倭以官兵攻圍日急，於初二日夜，悉眾東北奔。統領川兵游擊曹克新邀擊之，斬首一百三十級。餘賊遂入川沙窪，與巢賊合，四川、山東諸兵日夕伺擊之，賊乃焚巢載舟出海。

而《江南經略》卷四下《上海縣倭患事蹟》則云：

閏十一月，僉事焦公希程率川兵搗周浦賊巢，敗之。先是總督都御史楊公宜潛令武生胡亙、朱先等設伏賊巢，約縱火為號。命僉事焦公希程監督川兵，與游擊將軍曹克新乘雪夜襲之，亙等縱火焚賊巢，賊驚亂，我兵四面伏起，合擊大敗之，斬首二百三十有奇，而賊巢燼焉。賊遁入吳淞江。

兩者所說雖微有差異，俱足見川兵功績。然未幾即敗於高橋，《實錄》同卷云：

閏十一月癸酉，川兵游擊曹克新擊倭於嘉定之高橋，斬首二十八級。鏖戰自辰及未，酉陽兵先潰，諸軍遂敗。越二日，克新復督蜀中土漢兵分三哨進剿；左哨天全土兵及筠連弩手奮銳衝賊，迎斬七十餘級；右哨酉陽邑梅等兵復潰，我軍遂亂，為賊所乘，殺大渡河千戶李燦（《嘉定縣志》作"李傑"），成都衛百戶鄭彥昇，川兵傷亡及溺死十四，諸軍奪氣……酉陽兵既敗，即大噪，奪舟徑歸。至蘇州，趙文華犒慰諭留之，不敢詰也。

趙文華諭留無效，仍奔回川，道出九江，且行劫殺人，《實錄》卷四百三十云：

十二月己酉，四川酉陽兵應調赴浙直軍門，道出九江，行劫殺人，江西護送川兵鎮撫曲（田？）禮阻之被殺。事聞，兵科給事中徐師曾請下軍門廉治其首惡，因參四川監軍僉事焦希程，統兵游擊曹克新。兵部議覆：詔奪希程、克新俸三月，餘如師曾議。

曹克新且因此被逮問，《實錄》卷四百三十四云：

三十五年四月丁酉，命四川巡按御史逮原任游擊曹克新送法司問。初，川兵既敗，總督楊宜令克新收合散亡，而全軍皆逃，無一留者。克新謂已有督押責，慮各兵沿途生事，辭行於宜。宜固留之，不

（四）南方兵

聽，遂劾其違令喪師，不治無以肅兵律，故有是命。

其後克新仍任職江北，《實錄》卷四百四十七云：

三十六年五月丙寅，命原任四川膞臘（按：係松潘屬地）守備、署都指揮僉事曹克新充參將，分守南直隸揚州地方（按：克新于三月間復原職，見《實錄》卷四百四十五）。

並參加廟灣之戰，《實錄》卷四百七十一云：

三十八年四月庚申，廟灣倭合衆來攻，淮安巡撫李遂親督參將曹克新等禦之，大戰於姚家蕩，自寅至申，賊大敗，斬首四百八十級。

後或以功而陞狼山副總兵，故唐順之《三沙賊遯疏》云：

既非猝然之寇，且屬先事之防，而狼山副總兵官曹克新，淮揚參將邱陞，及備倭把總等官，坐擁重兵，全不設備，海賊焚舟登岸，照舊深入，略無攔阻。人以有言："巢賊渡海，如出無人之境；海賊上岸，如入無人之境"，則謂江南北將帥兩無人焉，不亦可乎！

然未言克新所領仍為川兵也。外此統領川兵者尚有劉顯，《實錄》卷四百九十七云：

四十年閏五月癸卯，協守浙直副總兵劉顯，言："頃蒙陛下命臣以都督提督南京振武營，臣誠感恩圖報。第此軍習成驕悍，宜以法制之。臣故所統川兵二千，有勇知方，乞許便宜帶領，隨營操練，內以彈壓兇惡，外以控制倭夷，卒有怙惡者，許臣以軍法從事，俟其內馴外伏，海防稍靖，漸為散遣。"兵部覆言：彼中原無前項兵精，請許選五百人自隨，餘付代者，有警聽顯調用。報可。

《明史》謂"顯挈蜀卒五百人往，一軍帖然"焉。至于何卿所帶之家丁，當亦來自四川，下文另詳述之。

（乙）廣兵—東莞打手—兩廣水兵之類

嘉靖間在江浙禦倭者，廣兵之事蹟無多，以廣東亦有倭患，且路遠難調故也。三十四年五月庚戌，上批李天寵疏曰："俞大猷統狼廣兵萬餘，不行進剿，致賊猖獗，本當重治，姑奪職充為事官，戴罪殺賊。"（見《實錄》卷四百二十二）是為記載廣兵之始，或即指調來之東莞打手（前已述及）而言。果爾，則為數亦無多也，並狼兵等而言萬餘耳。至《倭變事略》云：

三十五年二月初四日，諜報海洋賊船大至，南北相望不絕，海船兵官燕千戶遇戰敗歿，軍門發廣兵一千二百戍鹽。

其所謂廣兵或亦兼言狼兵也。惟《實錄》卷四百三十五云：

三十五年五月甲戌，募南贛兵千人，兩廣水兵五百，聽南京兵部尚書張鏊調度，守南京，蓋從其請也。

則為數亦無多，且屬水兵。但廣兵固有在江浙禦倭者，故《籌海圖編》云：

三十五年六月，新安衛（按：《奉賢縣志》作"賊復至新安橋"）百戶帥印與賊戰于青村德勝港，死之。時印統廣兵追賊（《死難殉節考》云："兵潰，力戰而死"）。

《川沙廳志》亦云：

尚維持，汝寧人。嘉靖間，以御史巡按江南。會倭寇入犯，籌議沿海守禦之策，得里人喬鏜、王潭築城之請，維持籌畫形勢入告，增柘林、川沙二城，飭同知羅拱宸董築川沙。城既成，親至川沙經略守禦事，選土著千人，留粵兵二百人以夾輔之，使不時巡徼守備，自是永免倭患。

是廣兵有留居川沙之證。三十八年，倭據三沙時，劉堂部下有王如澄之廣兵，見于《荊川外集·行總督軍門胡手本》中，恐為數亦無多也。至徵調廣兵之沿途騷擾，前文已引有何遷等之一奏疏，尚有另一奏疏，則見於《實錄》卷四百七十七中云：

三十八年十月甲子，江西撫按官何遷等言：閩浙徵調，廣兵千總劉鳳、杜朝用縱兵焚劫，督押守備伯永福等黨比需索，請加重懲，以杜後禍。上命按臣逮鳳、朝用赴京，其永福幷土夷頭目等付各按臣逮問。

惟此所謂廣兵，或兼指廣西而言，既曰"土夷頭目"，則縱非狼兵，要亦猺種矣。

（丙）閩兵—漳州—泉州—上杭等處之兵

福建士兵，以漳州者為最著名，且習知海寇情事，故當時調以禦倭，《籌海圖編》云：

福建漳兵嘗習水戰，聞其內多從海寇行奸利者，多習海寇，所關於諸兵中為最，特不知今所調者若干耳。

三十二年六月壬辰，巡撫彭黯等曾請調福建勁兵，未蒙許可（見上編），然當時湯克寬所部除邘兵外，尚有漳兵（見前），而俞大猷部漳兵尤多，李杜《俞公功行紀》云：

三十四年八月，張公（經）論死，督府諸公，人人自危。賊來如飛蓬紛絮，在在而是，東撲西熾，水陸戰敗，爭以其罪委公。廟堂諸公曰："俞帥一身，豈能在海在陸哉？"嚴公（嵩）欲遣中校逮公；諸公謂嚴公曰："俞帥自為將，所將兵俱漳人，漳人受其拊循久矣。今遽召之，漳人必有不安之心，不如先散漳人而後可收俞帥也。"嚴公乃止。

然據俞大猷《正氣堂集·論兵威未振未可輕動者》，謂"帶來漳兵，只四百餘名"而已，豈其後續有增添耶？而兵部尚書聶豹對上語有"浙直兵力脆弱，所恃徵調以策應緩急者，獨有漳泉兵耳"之句，則其時閩兵之重要為可知矣。漳兵習知海事，而賊中固多漳人，故盧鏜與張鈇所部之漳兵，皆有臨陣通敵之事。《倭變事略》云：

三十四年四月……倭焚掠吾鹽，鄭公壺陽（茂）使人促盧（鏜）丁（僅）二帥，一日而四五徵之……二公日夜兼行至鹽，不遑暇食，遠城外，即抵璵城，而日暮矣。盧宿徽商舍，一漳兵竊銀栳，盧命斬于橋以狥，士卒皆不悅。軍中有漳兵，遂怨盧，乃陰與賊通，令先設伏，臨陣佯潰，且助賊擊殺。兵至孟家堰，夾河而戰，賊誘我軍入伏內，四面攻殺，掌印指揮李元律，處州薛千戶及千總劉大仲皆力戰死之。盧有馬能渡水，一家丁控馬，盧附馬而渡，獲免；至澉浦而入，丁亦從之……議者謂孟家堰之役，非戰之罪，由漳兵賣已❶，緣倭黨中多有漳人故也。是役官兵戰溺死者，共計一千四百七十五人（按：《靖海紀略》云："義士劉大仲與其部下殲者過半，餘皆漳、廣、龍泉、泰和諸兵"，則閩兵亦多死者，是通敵亦只少數人耳）。

《平湖縣志》參《乍浦志》云：

五月二十一日，有三十六賊自松江來，匿大六匯民家，參將張鈇，把總樂塤與戰皆敗。二十四日，總兵丁僅統兵來援，賊遁，追至廣陳，獲輜重三艘。二十七日，賊入據小營盤巡檢司城，堅壘固守。僅命作木梯可并登十人者，凡五具。次日攻城，賊飛石如雨，僅以火藥筒射之，賊不能支，城遂下。圍之數重，刀戟森列如蝟。賊入巡司後堂，自分必死，斬戰傷者十餘人，燔其屍。而賊多漳人，鈇部下有四漳兵與打話，得賊賄，私與賊約，佯潰走，縱之出。獲一賊，悉其情，僅

---

❶ "巳"當作"己"。——編者註

缚四人献总督张经，鞫实，斩以徇。

故时人有云："贼中故多漳人，用漳兵剿之，焉得不偾事乎！"然虽有此等不幸事件，终不应抹杀闽兵御倭功绩，而况前此尚有赖荣华死节之一事焉。《明通鉴》云：

三十三年十二月，倭寇围嘉兴不克，遂分劫秀水、归安，掠嘉善。百户赖荣华（按：《嘉善县志》作："赖恩字英华，汀州人，总戎调兵于闽，恩奉檄御贼。"）统福兵六百人至，鼓行直前。贼却，敛兵登舟。荣华乘胜薄之，中礟死。

而《实录》卷四百一十九云：

三十四年二月辛巳，巡按浙江御史胡宗宪勘上去年十一等月倭犯嘉湖诸臣功罪。言倭屯聚柘林，突犯嘉善及嘉兴，攻府城东北二门。时指挥陈光祖，把总孙敖，指挥乐埙，俱拥兵不战，咸以贼众兵寡为解。贼遂越府城，流劫秀水、归安。都御史李天宠督参将俞大猷，都指挥刘恩至水陆兵同抵嘉兴，而佥事罗拱辰亦来会。天宠督发各兵，并力追剿，分命副使陈应奎、陈宗夔随营监之。令刻期夹攻，水陆并进。乃宗夔见恩至所率皆苍山、广、福锐卒，欲专其功，业与大猷约期，乃前期以孤军先进，与贼战乌程县之窑墩，我军不利，贼亦颇有损失，复敛入柘林老巢。于十二月复出犯，新带恩至咸令不行，偏裨各自为进止，百户赖荣华统福兵六百人，恃其骁健，鼓行直进。贼溃登舟，荣华乘胜薄之，中鸟统而死。把总孙敖，千户郑达以苍山兵先避，师遂奔败，嘉善知县邓植望风弃城走。翌日，贼遂入嘉善，焚县治，屠掠甚惨！以上诸臣，进退无纪，彼此离心，贪功观望，有同儿戏，坐贻地方大害，请分别治罪而卹录其死事者。诏递刘恩至冠带，令戴罪杀贼；下孙敖等八人及邓植于巡按御史讯治；夺兵备副使陈宗夔，佥事罗拱辰俸各一月；责俞大猷、陈应奎策励供职；其阵亡将士赖荣华等下所司优恤如例（按：荣华所率系"汀州上杭之兵"）。

則一賴榮華者，其可雪閩兵通敵之恥乎？至福船水兵之參戰，茲不具錄。

（丁）浙江處州兵及坑兵—湖兵—義烏兵及其他（附皖軍等）

浙江處州兵非盡坑兵，但其坑兵為最著名，其禦倭亦最早。按《籌海圖編論》"坑兵"云：

浙江以處州為絕勇。處州守坑之軍，其性健鬭，但未嘗勒習水戰也。

又引總兵盧鏜之言曰：

浙中陸兵之善鬭者，無如坑兵；而邇來應募者，卒皆不得其用者何耶？蓋坑兵惟梁高山為最，自幼開坑盜礦，驍悍難制，自有重利，不樂為官府用也。欲雇募之，非優其募資，厚其糧餉，恩信兼至，真坑兵其可得乎？

處州兵之禦倭，以羅拱辰所督率者為最早，《實錄》卷三百九十七云：

三十二年四月庚子，浙江倭五百餘人，攻破臨山衞，乘勝西犯松楊，知縣羅拱辰督處州兵禦却之。賊浮海走，參將俞大猷以舟師邀擊，斬首六十九級。

六月壬辰，巡撫彭黯等請調勁兵，兵部覆許其調處州坑兵一二千名（見上編），其後劉大仲所統率者，或即其一枝也。按《乍浦志》參《平湖縣志》云：

三十三年三月初八日，倭賊二百餘，經乍教塲，適處州兵四百新調至，饑憊應敵，敗績，損其半。

（四）南方兵

此亦應是大仲之兵。其後大仲死節于孟家堰之役（見上節），《倭變事略》評述之云：

大仲者處人，最驍勇，統坑兵五百來吾鹽，多建戰功。凡戰，令部卒各帶石塊數十，俟兵接刃，令兩旁密以石塊擊賊，而中間皆以短兵對敵，賊知交兵，不虞，亂石擊面，率以此取勝。凡客兵食吾土者，惟劉兵不愧！至是死之，莫不痛惜，春秋血食宜矣！

其次則有梁鳳所統之處兵，歸有光《崑山縣倭寇始末書》云：

今年（三十三年）四月初七日，警報直抵崑山，官民閧然，方填門塞關，為城守之計。而都司梁鳳適承撫按文檄統處兵八百來守茲土，士民倚為長城。詎意其貪懦無狀，坐受宴犒，託言屯札該境，遙為聲援，竟爾招搖遠去，分兵四逸，半從鹽鐵，半從周市，沿途剽掠，吾民驚竄，自是要害無守（餘見前狼兵段）。

再次則有張大綱之所統者，《籌海圖編》云：

三十四年八月，指揮張大綱、生員陳淮，與賊戰於蘇州橫涇，死之。——大綱處州人，驍勇異常，率坑兵擊賊，手刃數人，力戰而死。

又有項益隆所領者，《紹興府志》云：

三十四年十一月，先是許東望請以山陰人金應暘為贊畫，團練鄉兵千餘人，宗憲又益以武生項益隆所領處州兵二百人。至是與賊迎戰於五婆嶺。時賊百餘，官兵數千，見賊即走。處兵與賊血戰，自辰至巳，五十六人死於陣，而應暘手刃數賊，竟死之，賊亦被殺死十餘人。

而三十五年五月，提督都御史阮鶚被圍於桐鄉，遺書于總督胡宗憲，尚述及處兵之數，《倭變事略》附錄之云：

且處兵不過三千，乃乍浦久困暫甦之卒耳。今調二千浙東，以解餘姚之危；調一千崇德，以阻犯杭之路。至於水兵不能隨戰，兄所知也。此外更無兵矣！

郎瑛《七修續藳》釋所聞之謠語云：

少又聞謠曰："東海小明王，溫台作戰塲，虎頭人受苦，結末在錢塘"，當時不知何指也。至是"王"乃王直，"虎頭"處字之首，浙惟處州召募者衆，死者幾萬矣；王直戮于錢塘，事不彰彰矣乎！

是處州雖不被倭患，而處人死者亦幾萬，誠哉其受苦矣。此外則有澉浦與湖州之兵，《倭變事略》云：

三十二年五月，賊屯白馬廟，連四日不出，南北沮絕，無一行者。協總指揮馬呈圖檄指揮采煉率澉浦驍兵三百，合衛所軍千餘，屯教塲，三晝夜不進，蓋欲俟彼至而擒之，謂以逸待勞計也。時指揮王彥忠帥陸軍三百，指揮徐行健帥湖兵四百，俱屯教塲。承平日久，軍心怠忽，若霸上棘門然。

《倭變事略》又云：

三十五年五月二十三日，賊經嘉禾，舟相屬二十餘里。二十四日，遇湖兵，戰而不勝，棄數十舟；蓋飽欲得志之時，惟營歸計，無心鬬格故也。

又有言杭湖衛卒勇壯者，鄭茂《靖海紀略》云：

三十三年五月癸丑，乃邀丁總兵（僅）及李尉（子在）督杭湖衛卒勇壯千餘人出追之。

其餘言湖州水兵之文，後另述之。按《籌海重編》云：

浙江處州坑兵之外，以義烏兵為第一，溫台兵次之，寧紹兵又次之。

義烏兵之著，蓋自戚繼光始，《明史》云：

繼光至浙時，見衛所軍不習戰，而金華、義烏俗稱慓悍，請召募三千人，教以擊刺法，長短兵迭用，由是繼光一軍特精。又以南方多藪澤，不利馳逐，乃因地形，制陣法，審步伐便利，一切戰艦、火器、兵械，精求而更置之。——戚家軍名聞天下。

而佐繼光者則有胡守仁等，《浙江通志》引《閩書》云：

胡守仁，字子安，觀海衞人。歷官福建副總兵，隸戚繼光麾下，從之談兵，嘗記所授為《紀效新書》《練兵實紀》。

又引《萬曆義烏縣志》云：

陳大成，義烏人，嘉靖三十七年，以武生應募，統親兵五千赴台防守。四十年四月，倭犯台州花街白水洋等處，參將戚繼光遣大成領兵衝鋒，俘斬倭首百餘，救回男婦三千名口。四十一年，倭犯太平，又敗之於烏根嶺。

於是義烏人多應募從軍，《浙江通志》引《獻徵錄》云：

王湘，字大清，濟寧人，嘉靖進士，浙江布政司參政，分守金衢。汰冗剔蠹，興革為多。義烏少年多去本業，應募從軍。湘命長吏加意拊安，遇有召募，應以浮民，毋發閭左。

又：

張憲成，字叙伯，崑山人，浙江右參政，分守金、衢、嚴三郡，嘗平礦寇。大將軍用師閩中，多倚義烏人，義烏人益驕橫，竊相從剽攻不休。憲臣錄其豪以自隨而饋之，躬為訓練成師曰："子去盜而為縣官用，抑何貴也！"

他省有艱，亦調請為助，《實錄》卷五百一十九云：

四十二年三月丁亥，巡撫浙江侍郎趙炳然奏：各省募兵，多浙之義烏人。夫福建所以致亂者（按：《浙江通志》引《史概》云："福建巡撫游震得請浙兵剿賊，詔發義烏精兵一萬，諭炳然協剿"，故有此奏），民變為兵，兵變為盜，其所由來漸也。夫閩民皆盜，治標之道，不得不假於別省募兵；而反求其本，必須多方撫處，使盜化為兵，兵化為民可也。今又驅浙之民，以拯福建之急，臣竊懼夫浙之為閩也……即不得已而召募，亦必先本省，次鄰省，不得專泥一方，以釀禍本。

然浙兵既已有名，則召募在所難免，其結果有如隆慶六年二月中（《實錄》卷六十六）巡按浙江御史謝廷傑請罷客兵以恤疲省，練土兵以濟實用之言云：

昔浙民嘗苦倭患矣，談戰則股慄，拘之卽戎，妻子相涕泣而別；無何遂以應兵為奇貨，而天下往往多稱浙兵。夫浙故無兵，其以有兵名，自勝倭夷始。他省故有兵，其兵不可用，由鼓舞之無具也。

而鄧鍾之《籌海重編》亦云：

鍾按：前人所論，當倭亂初起時，浙中未嘗有兵，即浙兵亦未嘗有名也。乃今浙兵半天下，人之勇怯，豈以山川限古今殊哉？在上之人，振刷而作其氣耳。苟有以作之，則甲楯三千，足以抗衡上國，越猶古也；無以作之，則秦之銳士，齊之技擊，燕趙之慷慨，又惡知其今不異於昔所云耶？

是皆戚繼光倡募訓練之結果也。又《揚州府志》云：

沿海並增置營戍，設將領，所統兵或召募土著，或以義烏東陽習水戰者充之。

而《東陽縣志》則僅載有義勇而已：

嘉靖三十一年四月，倭寇王直、徐海、毛海峯等從近洋登岸，望台州，破黃巖，掠象山、定海諸處。巡按御史移檄郡選義勇八百人，調赴軍前；外以東陽界連新嵊、天台，急選義勇四百人，堵截關要。

此外，沈玉璋則統有東倉兵，《杭州府志》引《福建通志》云：

沈玉璋，字九山，永定人。嘉靖間以貢授海寧主簿，職司邏逋，勤於訓練。後倭寇掠境，親率東倉兵捍禦，邑以全。

按東倉係太倉州之別名，此豈指其地之兵耶？又翁大立所用者尚有徽州民丁，《松江府志》云：

（四）南方兵

　　翁大立，字道生，餘姚人……三十八年，擢右僉都御史巡撫應天諸郡……奏設金山游擊，增沿海軍餉，去內地冗兵並民間雜役。以徽州府民丁萬六千有奇，悉佐松江軍興用。

　　鄭曉禦倭江北，尚調取安慶官兵四百餘員名，駐劄儀眞，和州水兵，太平義勇各一百五十名，守瓜洲（見《剿逐倭寇疏》）。以及前所述之靈璧兵等，皆在今安徽境內，附記于此，以為殿焉。

（五）僧兵

萬表—吳懋宣—韓璽—任環—盧鏜等督率之僧兵

《籌海圖編》論僧兵云：

今之武藝，天下膂推少林；其次為伏牛，要之伏牛諸僧，亦因欲禦礦盜而學于少林者耳其次為五臺，五臺之傳，本之楊氏，世所謂楊家鎗是也。之三者，其剎數百，其僧億萬，內而盜賊，外而夷狄，朝廷下徵調之命，蔑不取勝，誠精兵之淵藪也。

按招募僧兵，正德六年時，即已有之，《續文獻通考·兵考》載紀功給事中吳玉榮言"所調湖廣漢土官軍及招募僧兵，所過騷害"，即可為證。《明史稿》謂嘉靖時少林應募禦倭者，只四十餘人云：

嘉靖中倭亂，少林僧應募者四十餘人，亦多勝，然以輕進失地利，有死者。

惟據《寧波府志》記張松溪事，則應募者至少亦有七十。近人郭希汾先生《中國體育史》引其文云：

張松溪善搏，師孫十三老，其法自言起于宋之張三峯（按：係"內家拳法"，與少林"外家"有別）……至嘉靖時，其法遂傳于四明，而松溪為最著。松溪為人，恂恂如儒者，遇人恭謹，身若不勝衣。人求其術，輒遜謝避去。時少林僧以拳勇名天下，值倭亂，當事召僧擊倭。有僧七十輩，聞松溪名，至鄞求見。松溪避匿不出，少年慫恿之，試一往，見諸僧方校技酒樓上，忽失笑。僧知其為松溪也，遂求試。松溪曰："必欲試者，須召里正約，死無所問"。許之。松溪袖手坐，一僧跳躍來蹴，松溪稍側身，舉手送之，其僧如飛丸隕空，墮重樓下，幾死。衆僧始駭服。

按當時首用少林僧者為萬表，此或受其鄉人邊澄之影響，其事亦見于《寧波府志》云：

邊澄聞少林寺僧以搏名天下，托身居炊下者三年，遂妙悟搏法。一日，辭主僧歸；主僧念其勞，欲教之。對曰："澄已粗得其略。"試之，果出諸學者右。後游行江湖間，莫有敵者。正德間，倭寇來貢，有善鎗者聞澄名，求一角，太守張津許之。倭十餘輩各執鎗爭向澄，澄舉扒一揮，鎗皆落後。復鎗圍之，澄一作聲，直超其圍，抽扒擬一二倭而弗殺，以示巧。守歎曰："亦足為國家重！"賞之。

萬表與僧兵之關係，見於《鄞縣志·人物傳》云：

萬表，字民望，世為寧波指揮僉事……嘉靖二十二年，擢廣東副總兵，以病乞歸。二十五年，起為左軍都督漕運總兵（王畿撰《行狀》）……遷南京中軍都督府僉書，引疾乞休（《嘉靖志》）……三十二年，倭寇亂，表散家財，募死士，奮欲死之（《錢塘縣志》）。始表請病歸，常居武林，喜從方外遊，念國家承平日久，士不識戰，惟少林釋徒最喜格鬥，可備緩急用，因盡與相結納。

而朱彝尊《明詩綜》引《靜志居詩話》亦云：

鹿園（按：表晚號"鹿園居士"，所著有《玩鹿亭稿》，學者稱為"鹿園先生"）裒帶翩翩，志存開濟，好從方外遊，間與羅達夫、唐應德諸公，講性天之學。值倭寇為患，守土者力不能支，公遠結少林寺僧，傳格鬥之法。

《江南經略》則謂養僧事係與杭郡守孫公共之，其卷八下《僧兵首捷記》云：

先是倭寇首陷黃巖（按：原書作"黃陂"誤），杭郡守孫公欲預備而無兵，與都督萬鹿園養僧人於昭慶寺。三司戲鹿園曰："僧何能也？而隆重之乎！"鹿園述文事武備各若干人，三司欲賭酒為試，鹿園遂設席於湧金門，三司既集，暗置教師八人，促鹿園召高僧一人敵之。鹿園請孤舟，孤舟不知其何說也，揚揚而來。八教師從旁躍出，各持棍亂擊孤舟，孤舟一無所備，以偏衫袖却棍，一棍為袖所裹，信手奪之，反擊八人，八人應棍而倒。三司擊節嘆賞。孤舟直攻上堂，排仆宴席大呼曰："公等何仇，令人計殺我耶？"鹿園語之故，孤舟乃已。自為客僧，大為三司所欽。

僧兵參戰，先係表婿吳懋宣所統率，《鄞縣志續》云：

是年（三十二年）夏四月，有倭四十二人，自海鹽屯赭山（《海寧縣志》）。巡撫王忬方巡海上，布政使游居敬請表任其事。乃選僧為兵，得二百人，召壻杭州衛指揮同知吳懋宣將之（《行狀》），偕少林釋孤舟統以出。僧兵薄賊營，縱火前擊之，賊敗（《耆舊傳》）。懋宣獨乘勝窮追，為所殱。賊亦隨遯，省城獲安（《行狀》）。

懋宣窮追地點，當是赭山，《籌海圖編》云：

四月，賊薄省城，指揮吳懋宣禦之於赭山，死之。懋宣率僧兵禦之，力戰而死（《重編》云："懋宣以僧兵為可恃欲藉以立功，竟失陷而歿"）。

《明詩綜》引《靜志居詩話》亦云：

倭猝犯赭山，萬都督表使釋孤舟統其徒二百人薄倭營，縱火箭擊敗之。

《海寧州志》云：

倭縱掠江船而去，指揮吳懋宣率僧兵搜巢，遇遺賊數輩，被創歸歿。別部倭七十餘人，流掠村落。

《杭州府志》亦謂"指揮吳懋宣率僧兵搜巢，遇遺賊被創"，並云：

按吳懋宣搜巢被創，廷議欲激死事，與卹典祠祭，《萬曆志》言之鑿鑿。《籌海圖編》云"禦之赭山，力戰而死"，非實錄也。

蓋亦謂被創歸歿耳。萬表《玩鹿亭稿》卷二有《赭山戰後作》（原注"時用僧兵取勝"）詩云：

一夜風煙傳警急，曉扶病骨強臨戒[1]。
山中饘粥供兵食，架上詩書易橐弓。
畎畝于今那識陣，跳梁使爾獨稱雄。
最怜子墥能忠戰，不道緇衣也報功。

又一云：

寇盜紛紛徧海濱，赭山一戰省尤鄰。
誰知今日焦頭客，元是當年獻策人。

又有《哭墥吳子旬二首》云：

靈幃寂寂誰為守，母哭妻啼病兩牀。
每一登堂腸欲絕，可恰處處共悲傷。
人言一死堪酬國，憶爾忠懷志獨真。
大義不明無定是，相解誰不解全身。

懋宣死後，僧有欲為之報仇者，《倭變事略》云：

萬將軍素好施捨，有少陵（林）僧者，自幼行脚江湖，諳武藝，手執鐵棍，以古大錢貫鐵條於中，長約八九尺，重約三四十斤。嘗德萬公施，欲為其墥（按：原意指"陳善道"，惟善道雖亦義烈殉難，然實非表墥，蓋"吳懋宣"之誤也。《海寧州志》及《杭州府志》皆誤）報仇曰："吾輩不願受中丞約束，願為公滅此賊！"隨集黨八十餘，迎擊賊。賊戰，每搖白扇，僧識為蝴蝶陣，乃令軍中各簪一榴花，僧手一傘以行，但作採花狀。賊二大王者望見僧，即若縛手然，蓋以術破之也。僧以鐵棍擊殺之，並殺勇戰者十餘賊。僧欲盡滅此賊，俾無孑遺。我兵從征者爭奪首級，至有自相殺傷者；僧怒闔其傘，賊遂能應敵，且四遁矣。

---

[1] "戒"，四明叢書本《玩鹿亭稿》作"戎"。——編者註

《杭州府志》云："事略有'賊搖白扇為蝴蝶陣，僧作採花狀'等語，皆鄉曲之言"，其實此種事件，皆當時之一般傳說而已，固不僅一蝴蝶陣也。《江南經略》卷八下謂杭城禦倭之僧只四十人，其將為天眞❶、天池二人，操江蔡克廉且走金來聘，並述其後作戰于翁家港之情形云：

倭寇犯杭城，杭城閉，倭屯鮓山。三司領僧兵四十人禦之，其將為天眞、天池二人。天池乃少林僧，爾時天員❷尚未出也。天眞等交兵，大破倭奴。倭奴走襲上海太倉，〔操江〕蔡公〔克廉〕駐節吾蘇，聞僧兵名，遣千戶王某（按：《四庫本》作"王茂"）、生員盛之化，持金幣往聘之。杭城方戒嚴，莫肯與。鹿園在西山中，得蔡公書，無以為謝，使人請月空等十八僧出城。三司以此十八僧者，原非禦寇四十人之列也，遂縱之。鹿園與月空曰："爾之之都院也，宜述僧兵衆寡不敵之故，繳其禮幣而善辭之。脫有不允，即薦少林僧天員為將，天員見講《楞嚴經》於天池山中，乃將材也。爾等屬之，可以當倭。"月空至吳門，蔡公見而拜之，月空辭不獲，遂薦天員（按：《鄞縣志》云"天員報曰：'此非山僧事，但須為知己一出！'遂集所教僧八十餘人"云云；又按《玩鹿亭稿》中多有關于天池山之詩，可知兩人交誼甚厚），天員以是就聘出山，乃五月十日也。蔡公館之于瑞光寺，與月空同處。天員招選四方僧八十四人，擬立將領，杭僧以其原在吳地，有子民之義，月空自杭來，乃客也，宜讓為將。天員曰："吾乃眞少林也，爾有何所長而欲出吾上乎！"十八僧自推八人願與天員較技。八人蠭以拳拳天員，天員時立露臺，八僧自墀下歷堦而上，天員見之，即以拳揮却不得上。八僧走遠殿後，持刀從殿門出，斫天員，天員急取殿門長門橫擊之。衆力不得近，反為天員

---

❶ 據下文看，"天眞"當爲"天員"。——編者註
❷ 此及下"天真"疑爲"天員"。——編者註

（五）僧兵

所擊。月空降氣求免，十八僧遂伏地稱服焉。左右馳報蔡公，蔡公親至寺，謂天員曰："聞汝驍勇，果能以滅倭自任乎？"應曰"諾！"面令競試武藝，天員復以寡勝衆。蔡公大奇之，遂批牌語云："月空領杭州僧兵一十八名，天員領蘇州僧兵八十四名，協力征剿（按：《吳興備乘》引《彙書》與此文同，當係據此轉抄）。蓋重鹿園而存體面，又半息其爭也。天員遂于五月二十一日，從蘇州起兵。二十六日，至松江。又選蛇山兵一十八名，與月空合為一枝。共一百二十人，剳營于普照寺。密雇皮工造皮甲，竹工造毛竹甲，皮甲在內，竹甲在外；鐵工造鋼叉二十四把，鈎鎗二十四把，鐵棍一十二條，密與松江府，取靛青佩諸身畔，封固刹門，分為十營，定派兵器而演習之。六月初四日，發兵至閔行鎮，蔡公牌仰僧兵為前哨。初八日，至新塲鎮。次日，至南匯嘴中後所剳營。初十日，遣騎往六團巡哨，聞有賊百餘人在焉，奮力追擊，賊懼而逸，止存母子船五隻，鑽木取火，燒去其三，以絕巢穴；餘二隻亦為風浪所粉。十一日黎明，天員與指揮朱某方議往八團迎賊，留提管僧無極等於六團下營。會韓都司璽委朱指揮往八團巡哨，朱遂先至八團，被賊殺傷部兵二十九名，時六合知縣董邦政兵先被賊殺者亦四十人矣。是晚，僧兵至八團，駐監生喬鏜莊。有楊指揮、樊指揮者，先在莊前剳營；天員令其入內，自以兵捍賊于外。賊使人覘僧多寡，莊人謂之曰："其數吾不能知，但知其煮粥米一石，每人分啜二碗而已。"賊聞之即走。次日哨探賊在二團、三團，天員乃引兵南還至一團之翁家港遇敵，已申時矣。天員曰："天未晚，猶可戰也。"率僧兵二十五騎前哨，衆兵繼之。倭賊登屋瞭望者二人，天員率諸哨騎為先鋒，察機宜，以遣騎兵傳令而已。月空等排陣于後，見賊下屋，天員心覺其設伏矣，卽衝前堵定，不容埋伏。賊忙迫換計，裹衣包為八扛餌我兵，天員下令曰："如有搶倭財物，妨悞大事者斬！"衆騎不敢有所取。月空無極構列陣為長蛇之形,韓都司王守備等繼其後,相離約百餘步。陣法:兩人持長槍,夾一鈎鎗手於其內,稍退一步;鈎鎗之傍,長鎗之後,鐵棍砍刀,相間而列,弓弩火器,左右參錯。陣形旣定,各嚼靛花一丸於口。倭賊見僧兵列陣,度不能伏,其頭目稱趙大王者,即舉扇招賊歸戰。諸賊扯去衣袖及內外襟,令人昇一板門,西向植地,以鎗支定,二善弩者,夾門隱身而立,二小倭遞箭于傍。賊酋四十人,俱衣綠,排為一字形當其先;餘六十人俱衣緋,列于左右,各持兵籠仰天而揖。揖畢,令刀手驅所擄民擡前所裹衣包八扛撒地而走,僧兵知其為無用之人,不之迎也,亦莫敢越壘而趨利焉。天員引騎兵左右閃開,誘賊前進。賊先發矢,僧兵亦發矢。天員傳令停射交鋒。無極摧陣,呼伽藍三聲,大喊"殺!殺!!"長鎗手奮勇前戮賊,舞刀亂砍,鈎鎗手隨長鎗而進,從隙鈎賊之足,箭手發射,鐵棍隨鈎鎗而進,擊死鈎倒之賊,刀手繼之。賊一面欲支長鎗,又欲却箭,不虞鈎蛇循地而至,不能更顧其足也。僧兵臨陣暗約,以靛青塗面,賊見青臉,紅布蒙頭,疑為神兵,膽已褫落(按:《鄞縣志》云:"諸僧俱錦袈裟,持杖,口含澱藍。及見賊,各誦佛號;伏地即盡卸其衣,以藍塗面及四體,奮起前擊。賊初遙望諸僧狀貌,衣爛爛,已大疑。及自地上躍起,俱贏鬼前搏,大驚以為有神",較此稍詳)。戰時左右弓弩火器齊發,天員引騎兵遶出賊後,韓都司家兵與銃箭手三四十人隨之,圍賊於中,賊大敗,斬首四十餘級。賊捨死潰圍,騎兵開一角縱之,走匿一王氏屋中。僧兵圍之,以火攻賊,賊穿壁而逸,半陷入靛坑中,長鎗手刺殺之。僅存二十餘人,逃入老營,合守營者共五十餘人。僧兵攻之急,一倭婦出視,乃趙大王妻也,僧有名某者,驍勇絕倫,持鐵棍,踰塹溝擊殺之。時已昏黑不能戰,遂收兵而還,行若千里,至中前所剳營。賊戴夜奔柘林,殺一巡檢,二弓兵,卽如金山。十四日,天員等堅壁不出,調養刀箭所傷,更選壯僧七十餘人,合韓都司家兵、

（五）僧兵

張忠等三十餘人，更為征剿之計。是日也，韓都司等官悉至營前來謝，而以銀牌稱賀焉。十五日，天員復引兵至金山，賊逃往嘉興之白沙灘，潛住王家莊。十六日，僧兵追及之，適湯總兵兵亦至，相合大攻，賊死二十餘人，出亡被殺者復二十餘人。凡翁家港逃賊與老營之賊，至是剿滅無遺矣！二十一日，天員復率眾在八團等處，搜邏一日而還。初蔡都憲牌云："僧兵驍勇，不以首級論功。"天員據此節制其眾，不許違犯憲語。韓都司見僧兵數寡，常恐恐然在陣後半里大呼眾兵接援，故一時被害，不過了心、徹堂、一峰、真元四僧而已。僧兵之成，韓都司協相之力，蓋不可誣也……觀於翁家港之捷，天員智謀紀略，有古名將之風，不特技藝之絕人而已。愚嘗過而訪之（按：《明刻本》作"聞而謁之"），天員適與高僧翻閱藏經三千而遍，其書有經有論有律，三才之理，靡所不載，用兵之訣，間見而雜出，非心閒氣定，不能從容紬繹，天員學有淵源，宜其用武臨戎而變化不窮，大與少林增光，未必少林之武僧，一一如天員之胸襟也。吾儒講法聖言，精忠為國，倘不鄙夷其技而兼通之，師尚父、孔明有不能跂也乎？軍門林（按：係"林潤"）云："僧有古名將風，僧果可用耳，若倣其成法，不猶愈于操演虛文乎？"（按：林語《四庫本》刪）。

此次戰役，雖將倭寇全部殄滅，但亦為數無多，而《江南經略》竟謂"自後我師與倭戰多凱旋——凱旋自天員一陣始"；《鄞縣志》亦謂"自倭深入，我兵望風，未嘗敢與鬥，至是始知賊可殺，士氣為一奮，俱用表所結客也"，皆甚稱譽之焉。《江南經略》卷八且有《勒功三誓》一篇，除伸辯曹邦輔與唐順之之功績外，其第三誓即鳴僧兵之功巨而賞輕者：

癸丑（三十二年）之春，倭奴初至，世際久熙，無兵可禦，操江蔡公命少林僧天員領僧兵滅之。或論之曰："僧異教也，一戰何足道哉!"愚謂不然。夫國家素養武臣，在東南者不少矣，倭變暴作，連戰敗三十七陣，若非天員游寓天池，蔡公聘而用之，則倭賊眇中國為無人，我兵視倭如雷電鬼神而不敢犯，長驅深入，焚戮之慘，恐不俟次年而遍及於內地矣。天員一戰於八團，再戰于翁家港，賊二百五十餘人，斬刈無遺，自時厥後，我民方知倭為可敵，而兵氣漸奮，捷音漸多，實天員一陣有以倡之也，其安中國之神氣，功豈小哉! 班師後，當道莫與奏功，而僅賞銀牌，退歸山刹，吳人亦無有知感者，豈非天地間一大屈哉！使操觚者而含糊焉，則為欺朝廷，欺上帝矣。曾之所以誓而欲辯者，此其三也。

然僧兵當亦有作戰挫敗之役，故抄本《海甯倭寇始末》引劉鳳《續吳錄》云：

甲寅（三十三年），倭薄海上，有言僧徒勇鷙可仗，參將萬表（按：表時非參將，此誤）自杭以三百人至，頓之諸寺中，見予皆踴躍，自謂立效。及擁而前，則又敗。

《江南經略》卷二下云：

三十三年六月初四日，賊抵婁門，都督萬表帥親兵、僧兵下八山兵千餘人禦之。賊設伏兵掩擊，萬師却走，賊勢益張。

《鄞縣志》亦云：

三十三年春，復起表為南京都督僉書（《行狀》）。道經蘇州，與倭遇婁門楊涇橋，率所募及少林僧，躬冒矢石，挫賊鋒，身中流矢，不為止（《明應諡名臣備考錄》）。義兵一人戰歿，至南都，下血數斗，即具陳固守京畿之策，上大司馬。復遺書于子曰："我家世以力戰報國，我獨恃文墨議論，不任兵，晚年增一箭痕，不亦美乎！《明良錄》）（按：《玩鹿亭稿》卷二《楊涇橋戰後示男盛一盛二》詩中亦有"暑氣衰年怯，妖氛壯志生，裹瘡終報國，先世總忠英"之句云。）

（五）僧兵

三書所言應即一事，是用僧兵非即可操全勝也。至于韓璽與僧兵會剿倭寇事，《松江府志》凡兩次述及。其一云：

三十二年六月二十七日，都司韓璽帥僧兵力戰於四墩，與國子生梁家棟斬首八十餘級，賊遂解圍去（按：《奉賢縣志》與此同）。

另一引《金山衛劉志》云：

三十三年八月初八日，都司韓璽討南匯倭，會少林僧應募至，遂並統之以進，焚其三艦。十三日，戰于白沙灣（按：當即《鄞縣志》所云之"白沙灘"），斬首百餘級，僧了心、徹堂、一峯、眞元乘勝深入，被害（按：《南匯縣志》同，蓋皆摘錄自《江南經略》者）。

兩事雖相距一年有餘，但疑前者為後者之誤傳也。《松江府志》又載任環亦率有僧兵云：

三十三年二月六日，會兵備任環率民兵三百及少林僧八十人至，戰于葉謝馬家浜，斬獲頗多；援兵不繼，僧大有、西堂、天移、古峯等二十一人皆死焉。環追襲，敗之于五里橋。至習家墳又敗之。

《吳江縣志》亦云：

三十四年正月，賊陷崇德，掠五百餘舟，從南潯，經梅堰，至平望六里橋。兵備參政任環伏沙兵將擊之，僧兵洩其機，沙兵被害及溺死者甚衆！

《松江府志》又引《倭事徵信錄》謂盧鏜亦統有僧兵云：

三十四年九月，應天巡撫曹邦輔以捷聞，趙文華忌其功，以倭之巢于陶宅也，乃大集浙直兵，與胡宗憲親將之，又約邦輔合剿，分道並進，營于松江之甎橋。總兵俞大猷、劉顯，僉事董邦政陣於東；總兵盧鏜統浙兵、僧兵陣於南：期十二日甲辰並進……十四日，鏜所部儵道從東南來，僧兵五十人為軍鋒，抵賊壘，賊當者輒覺。而賊已得敗兵衣仗，詐為官軍，繞出陣後，復悉銳衝其前，官兵遂大敗。文華氣奪，賊勢益熾。

所記僧兵事或敗亡，或洩機，要皆不利之消息也。《同治上海縣志》謂僧兵係山東應募，所記僧名亦多與前所述不同，今具引之如下：

僧兵係山東應募者，最著為大造化月空、天池、一舟、玉田、大虛、性空、東明、古泉、大用、碧溪等，皆稱少林僧，持鐵棍，長七尺，重三十斤，便捷驍勇，最善戰，臨陣每當前鋒（按：《松江府志》與此同，又按"一舟"當即"孤舟"，《玩鹿亭稿》有《題僧一舟卷絕句》一首，可証明兩人間之友誼）。

其後胡宗憲養僧兵以備倭，衆至五百，人數既多，濫竽者遂得充數，此可以呂光午事證之。《浙江通志》引《新昌縣志》云：

呂光午，號四峯，有膂力，善詩文，工畫，喜談兵。嘉靖倭亂，督撫胡宗憲養僧兵於杭之禪寺。光午與少年入寺，僧兵譃之，光午怒擊，五百人皆流血被面。倭攻桐鄉急，督學阮鶚被困，光午單騎破圍，殺倭數百，救出。鶚欲官之，不可，贈米五百石，使入太學。萬曆初年，關白犯朝鮮，聘天下將略者七人，光午居第二，辭不赴。

此則可與前所引之張善溪事相比美矣。又《吳江縣志·別錄》云：

鄉落庠生某，儀貌素偉，倭寇卒至，欲與偕往，不屈。斷其一臂，罵賊不絕口而死。時海上僧兵曾奏捷，已復敗，有僧號宗印者，亦罵賊死。此僧未必是兵，然死亦義烈矣！

（六）水軍

吳宗德—湯克寬—楊芷—
俞大猷—鄭曉等之用以禦倭者

明代江浙海防之設置，據《明史·兵志》云：

吳元年，用浙江行省平章李文忠言，嘉興、海鹽、海寧皆設兵戍守……洪武二十年，復置定海、盤石、金鄉、海門四衞于浙，金山衞于松江之小官塲，及青村、南匯嘴城二千户所；又置臨山衞于紹興，及三山、瀝海等千户所，而寧波、溫、台竝海地，先已置八千户所，曰平陽、三江、龍山、霩䨒、大松、錢倉、新河、松門，皆屯設守。

對於江防，則云：

洪武初，於都城南新江口，置水兵八千，已稍置萬二千，造舟四百艘，又設陸兵于北岸浦子口，相掎角。所轄沿江諸郡，上自九江廣濟黃梅，下抵蘇松通泰，中包安慶池和太平，凡盜賊及販私鹽者，悉令巡捕，兼以防倭。

是設備甚為完善。其後雖時有增設，然其腐化程度，亦與陸軍無異，《實錄》卷三百八十八云：

江御史林應箕奏報海所由曰，浙江寧、紹、台、溫，地瀕大海，當倭夷入貢之途，盜賊出没之藪。國初建衞所四十有一（按：其名稱詳見《籌海圖編·浙江兵防官考》)，設戰船四百三十有九，董以總督備倭都司，巡視海道副使等官，控制番夷，至為周密。後以海波不驚，戒備漸弛，伍籍日虛，樓櫓朽弊，一遇有警，輒借魚船應敵，號曰私哨，而官船廢矣！嘉靖二十七年間，都御史朱紈議招福清補盜船隻剿治有效，因量留福船四十餘隻，給予行糧，使分泊海濱，常川防守。其台州海門衛者，實黃巖之外障，故以福船十有四雙守之，節年所憑恃者此耳。近日海警益數，而海道副使丁湛反將福船盡數遣歸，其原設官船壞缺，又漫不料理，乃仍雇募漁船，以資哨守，兵非慣戰，船非專業，聞警輒逃，全不足恃，以致群盜鼓行而入，攻燬縣治，若蹈無人境耳。失事之誅，湛當首坐。

據此可見一班，浙如是，直亦當如是也，故陸軍固多調自他處，而水軍亦甚有賴于福、廣之船焉。《續通典》卷二百零五《兵典》載有戚繼光編水兵法云：

每一寨係一將領者，不拘船之大小多寡，均勻分派；但係一寨之尊，不拘參遊、都司、把總，一例曰主將，各量分親船為中軍司，中軍領之。緣將領所職，應在衝要，故多其數以便督進。若主將往中、左、右各司巡邏監督，只將中軍隨從，便於往來；一到彼哨，又有該哨相幫，即稱重矣。永不許抽零，司哨之船，若主將仍抽取司哨寸版，以致司哨寡弱誤事，只重罪主將。主將中軍船不及各司數者，以其常與一司合為一處，勢已倍于他哨。而船中必擇其第一堅大者，為中軍司，將勢已厚，餘分為中司、左司、右司，每司分二哨，共六哨船，多則加前司後司，又加分二哨，共十哨。每哨船隻，大小相兼。大約十船以下，五船以上為一綜，哨官領之；兩哨為一司，分總領之；三司、二司則為一部，主將領之。凡戰船上大旂，俱用黑布，一則便於遠瞭，一則合於水性也。仍用白布取寨名一字大書，加於旂心，各照方色，製以號帶；每隊長小旂一面，各照本船號帶方色。凡捕盜專管一船之務，無所不理，凡人船客兵，俱聽管束，第一當重其事權，俾有專力無掣肘可也；舵工兼管舵，兼防舵門下攻守；椗手專管椗，正頭前攻守；瞭守專管帆檣繩索，主將調籤；斗手遇賊則上斗，用犁頭鏢下射賊舟；神器手專管定發無敵神飛礮；掌號手專管接應，司哨號令，及獨船對敵進止號令；守艙門者臨敵牢守艙門，平時管一應家火槓具，支銷晝夜出入關防；隊長司一隊內攻守，督兵用命，賊近專發火桶，平時督兵習藝，修治軍火器械。一號某字船一隻，捕盜一名，家丁一名，舵工二名，斗手三名，瞭手二名，椗手二名，守艙門二名，掌號一名，神器四名：此一定不可增減。兵八隊，每隊隊長一名，兵十名，共八十八名；或七隊、六隊、五隊，相船、相地損益之。後號船皆倣此，旗幟方色，俱隨本哨。

此則嘉靖末年欲用其法以整飭水兵而禦倭寇者也。惟防倭之最善者，當為兵船之會哨，《江南經略》卷一下云：

總兵官撥遊兵、把總領哨千百戶等船，往來會哨，以交信票為驗。其在浙江也，南則沈家門兵船，哨至福建之烽火門，而與小埕兵船相會；北則馬蹟港兵船，哨至蘇州洋之羊山，而與竹箔沙兵船相會。其在蘇、松也，南則竹箔沙兵船，哨至羊山，而與浙江之馬蹟港兵船相會；北則營前沙兵船，哨至茶山而與江北之兵船相會。諸哨絡繹，連如長蛇，羣力合併，齊如扛鼎，南北夾擊，彼此不容，豈惟逐寇艦於一時，殆將靖寇患於無窮矣。

至於用水兵以參加作戰者，則有吳宗德所領之江陰兵船，《上海縣志》述之云：

三十二年五月四日，倭船從腼港（《南匯縣志》作"閘港"）出，至高昌鄉（《南匯縣志》作"高昌渡"），與水兵接戰浦中，官兵不利。鎮江衛知事吳宗德調領江陰兵船截守黃淄漊，賊以長竿懸燈，夜深，從海邊遁去。

湯克寬由福興、漳泉參將陞任金山衛副總兵，其所部亦有舟師，《實錄》卷四百零三云：

三十二年十月戊子，漈缺倭移舟泊寶山，總兵湯克寬引舟師追擊之，及于高家嘴，燬其舟，斬首七十三級，生擒十四人。

其時既募兵增船，且調兵防江，《續文獻通考·兵考》云：

先是日寇益肆，乃增設金山參將，分守蘇、松海防。至是改為副總兵，轄沿海至鎮江，與狼山副總兵水陸相應。增募狼山、福山水兵萬人，福蒼沙船三百艘(按：募兵船，係從操江高捷奏，見《實錄》卷四百四十二)，調募江南、北徐邳官民兵充戰守，而杭、嘉、湖亦增參將及兵備道。是時防江之軍，又調九江、安慶官軍，守京口、圌山等地。

《上海縣志》又載崇明水兵之事云：

三十三年正月十八日，賊首蕭顯駕七巨舟，率眾二百餘，突入吳淞所，夜泊宋家港口。時有崇明水兵船四十號，泊黃浦東岸。平明，戰于浦中，官兵不利。一舟被賊獲，兵悉投水中。

《吳江縣志》則記知縣楊芷用水兵之功云：

三十三年三月，倭由崑山直抵青陽港，知縣楊芷以艦斷其上流，勿令西過，以奇兵誘戰，斬首十八級。既又戰于陳湖，生擒二人。自是吳人始有鬥志。五月，賊眾九十二人，由烏鎮突入爛溪，趨平望，欲迫縣城，芷令沿塘舉火，賊疑有備，奔錢田，邑水兵及嘉、湖兵圍之。賊困三日，分必死。是夜大雨，因各收兵，賊乘間奪湖州兵船，屠戮甚慘。芷令射書賊營，諭以禍福。賊答書，譯其文云："不敢相犯！"賊燒營由黎里走泖湖。六月十一日，賊犯石湖，當事者以勢不格，利其西走。芷獨駕小舟，率兵出瓜涇港邀戰。時湖水枯澀，賊列伍逆上，芷以鉤攢搏之，斬首十六級，馳入城……十四日至平望，所過焚掠。芷率兵躡其後，斬首六級(按：《江南經略》卷二下云："十一日，由石湖入太湖，吳江知縣楊芷，舉人周大章，生員吳誥帥水兵邀擊于點魚口，擒斬五六十人。賊餌水兵，由吳江平望而去")。

惟《倭變事略》所記之邑令則畏縮懼賊，兵亦貪財誤事，與此所云相異：

六月，賊犯蘇門，焚掠竟日，載輜重百餘。舟經吳江城外，湖口兵船圍之，邑令出城督戰，兵卒鼓勇，無不一當百。賊乞生路；一先鋒船殺十七賊，獻首于令，令有畏色，入城闔門，兵遂無戰心。賊用計棄三四空筍及數衣包于水，兵爭奪筍與衣包，賊棄船登岸，兵入船搶物，賊因逸走，而南抵平望鎮矣。

故疑不足置信。《吳江縣志》又本《白華樓集》載其後吳江與湖州水兵之事云：

嘉靖丙辰（三十五年），倭酋徐海率眾大至，將由峽石越皂林，出烏鎮以北。烏鎮者，即海犯蘇、湖故道也。總督胡宗憲度蘇、湖之間，惟鶯湖為四戰地，檄河朔兵（按：即"宗禮之兵"，見前）自嘉興入駐勝墩，陣而待，因以吳江水兵遮其前，湖州水兵尾其後，而自引麾下及容美土兵衝擊之。後提督阮某（按：指"阮鶚"）邀賊於皂林，河朔兵勝而復敗，賊去圍桐城。

《江南經略》卷三上《吳江水兵議》尤稱美之云：

七縣水兵，惟吳江為最，乃倭奴之所深畏也。近年官府不分功能高下，混給工食，以致吳江者亦不堪用。蓋吳江四面（按：明刻本誤作"西面"）阻水，西枕太湖，使船本其所長。嘉靖三十三年，初報在官，皆精悍捷給之徒。大舟用二十五人，小舟用三四人，篙手與搖櫓盪槳者，首尾相應，行使如飛。遇賊舟之大者，則以小船誘渡其人而傾覆之；遇賊小舟，則以十四五篙手齊鏨而沉之。賊人遠來，不過奪船深入而已，船之輕捷不如也；不過驅土民撐駕而已，人之齊截不如也。其始也，水鄉大戶親統率之；其後因差人統領，尅工食，奪功次，真正有名之兵，不樂于用，所用者皆次身無用之窮民，其弊至于行刦，而吳江水兵遂為官府所惡，一切裁革矣。若曾聞之吳江人云，水兵隊長總出盛二、盛六之下，其次為董介、凌雲亦為合縣水兵之所推服，蓋家業既饒，武藝又精故也。今誠得若而人，委以選水兵之寄，就令總領，則船隻器械，俱不必官給之，而鄉間上等之兵，無不踴躍而出矣，攻守何患于無功乎？

俞大猷尤以海戰著稱，李昭祥《上張半洲總制書》中有云：

賊從海來，不絕其路，則去者滿載，來者聞風，日滋月益；賊可盡乎？賊船從海中來者，率皆尖底，難于展步，跌坐相對，旬日乃至，故人皆足輭，不利戰鬥。一使登陸，則其狡悍之性，堅忍之力，不可復敵。故須迎敵外洋，則主客形殊，強弱自見。寧紹參將俞大猷素習海戰，可保成功，若調福清、溫台水兵使專領之，往來巡哨於浙、直地方，隨機應變，不使賊得登岸，則先至者援絕膽寒，雖有所掠，不得歸島，黨與日削，終必成擒。

大猷幷主張整搠河船以禦倭賊，柳翼謀先生《江蘇明代倭寇事輯》引其《呈總督軍門論宜整搠河船揭》云：

人知海船攻倭，我得上策，而每戰必克；抑不知內地之戰，整搠河船以攻之，亦為策之上者也。卑職竊見常、鎮、蘇、松、嘉、杭、湖內之地，溝河交錯，水港相通，惟舟楫之行，則周流無常，而步行馬驅，每一二里，必過一橋，或百五十里，必船渡而後得濟。又其地多水田，而少燥園；其燥園則皆桑柘之區，陸戰于此，我之長技，委無所施，賊之埋伏，可以屢逞，其何能取勝？兵法曰："先為不可勝，以待敵之可勝。"河船上搭戰棚，傍加遮板，多備弓弩火器，使敵無勝我之形，徐徐漸進，俟賊可勝而乘之。如賊未可勝，我船迫至賊所，堅守以待之，賊自不敢侵入擄劫如向時矣。欲處備船隻，宜于前七府屬縣，取用民船……駕船水稍……就令各縣自雇，以民壯工食給之……

兵則宜募浙江之蒼山下八山，直隸、浙西之鹽徒，福建之漳福兵為之。（按：《明史‧兵志》云："閩、漳、泉習鏢牌，水戰為最。"）如錢糧不敷，選調各衛所運糧出海下班之軍給與行糧以充之……各船兵器齊備，賊由兩岸來者，不足懼矣！

《續通典》卷二百零四《兵典》亦載俞大猷之言曰：

防江必先防海，水兵急于陸兵，蓋倭寇長陸戰，今樓船高大，倭船遇之，輒摧壓魚爛，固我兵所長也。善戰者毋以短擊長，而以長制短。且海戰無他法，在知風候，齊號令，以大勝小，以多勝寡耳。於是用舟師戰，而舟山積歲不除之賊皆剿。

皆屬經驗有得之談。大猷禦倭之勞績甚多，而以水軍顯者，則《實錄》卷四百二十一云：

三十四年八月辛未，柘林倭載出海，會事董邦政、總兵俞大猷各督所部水兵擊之，斬首七十有奇。

又卷四百三十六云：

三十五年六月丙申，蘇、松倭寇自黃浦及七丫港遁出海，總兵俞大猷督水兵追戰，大敗之，斬首三百餘級。

至于江北方面，巡撫鄭曉且調用和州西梁山水手船隻，其《剿逐倭寇疏》中有云：

臣復慮賊勢窮迫，山泰興入江，上近南京，下切瓜、儀，縱不敢輒犯郊關，未免有妨糧運。查照兵部准事例調遣池和守備張爵，又統領官兵五百四員名，並取和州西梁山水手一百五十名，船十五隻，前赴瓜、儀地方駐劄防禦。

又其《剿逐倭寇疏》云：

三十四年四月……十三日未時，據把截狼山千戶秦鵬報"本日有山前倭船六隻，並搶去船共十隻，開洋江南，本職領兵追剿"等因到道，案照先該本道見賊日則上岸，夜則回船，慮恐兵到即走，已委千戶陳厚、劉芳統領水兵五百名，船六十隻，由周家橋前去，徑與狼山水兵相合，截其歸路（按：以上係引副使張景暨呈文）……查得原守狼山耆民水手五百名，哨船三十隻……調往江南剿倭，節行咨取發回信地。

其作戰亦甚有功績。總之，當日禦倭，江海均有賴於水軍參戰，事蹟雖著稱者少，但決非盡於此所述者，此特示例而已。至于福山港之水兵，且有叛降倭寇之事，雖由激變，究屬可恥，《實錄》卷四百三十七云：

三十五年七月戊午，巡撫應天都御史張景賢奏：四月中，福山港水兵叛降倭寇，引入內地刼掠，因劾把總指揮姜旦貪殘激變等罪。詔巡按御史逮旦至京問（按：《常昭合志》載此事後云"嗣後倭患漸息"，係僅只該地而言耳）。

蓋當時應募水兵，多係游手少年，其後散而為盜，則亦倭寇所遺之毒也。《實錄》卷四百八十云：

三十九年正月辛卯，盜百餘人，夜入楊州府泰興縣，刼庫殺人。守臣以聞。得旨，停知縣梁棟等俸，及把總李圻各戴罪捕賊。初，江南禦倭水兵，多游手少年烏合應募之衆，及事寧散還，窮無所歸，流落江湖間，遂相聚為盜云。

（七）其他雜軍

以上所述除僧兵而外，類皆可云正式軍隊；此段所言，則近乎所謂護衞隊與義勇軍及雜牌軍隊矣。茲分述之於下。

（甲）家丁—家兵—親兵

按明代公侯勳戚與武將士紳，類多蓄養家丁，以作護衞。《明史·兵志》謂武宗時，"邊將江彬等得幸，請調邊軍入衞，於是集九邊突騎家丁數萬人於京師，名曰外四家"。據彬傳雖係指遼東、宜府、大同、延綏四鎮而言，然家丁恐亦非少數，否則何須叙及。

《續通典·兵典》云：

梁震為大同鎮總兵，大同鎮兵素驕悍，鎮巡官畏禍，每甘言煦之，稍不如意，卽反脣瞪目，飛章訛語相搖惑。震受命，率家丁五百人（按：《明史》震傳謂"震素蓄健兒五百人，"不言家丁），馳至雲中，申明約束曰："我無爾凌，爾無我叛，王法軍令具在，我不敢破國家紀綱"。家丁時時向鎮兵語曰："爾敢犯主將者，恃衆耳；兒郎輩無不一以當百，五步之內，恐爾不得用其衆矣！"鎮兵由是斂戢。

此可證所謂家丁者，卽自蓄養訓練之衞隊也。按《續文獻通考·兵考》又云：

萬曆二十二年十一月，命遼東將領，得養家丁，從遼東撫按孫鑛等言也。遼東大小將領舊有家丁，多至百餘，少不下三四十，支給戰糧，每戰當先，實皆精銳。自閱視裁減，而衝鋒破敵之士，皆烏散別鎮，遼兵遂不能戰。議令自守備備禦，得養十名，餘官以次加增。

此何獨遼將為然，各地將官與勳戚士紳皆有所蓄養也。（按：上編述"行糧馬草"中，有"不許假以家丁冒費"語，疑當時所謂"家丁"，應不得支給軍糧者。然《戎政典·兵餉部彙考》又引《明會典》云："凡月糧，嘉靖四十年議准薊州鎮新舊家丁，每名月糧一石，一歲通給本色"者，或為一特例歟？）嘉靖禦倭之以家丁著稱者，則有李宗昭之家丁李安，《常昭合志稿》參《松窗快筆》云：

李宗昭，廣西人，管糧主簿。嘉靖間，倭入寇，犯福山，昭募狼兵用繚刀殺賊。家丁李安（按：《蘇州府志》云"壯士"不云"家丁"）有力善弩，持短兵毒弩往覘，遇于上墅，虜僅數人，蓋渠魁之騁望者。一箭斃其前鋒，又手刃其三，失足坎中被害。與同死之李某，並葬于邑屬壇側。

而最著者尚為沈希儀與何卿之率家丁禦倭，《實錄》卷四百一十七云：

三十三年十二月戊寅，詔原任貴州總兵沈希儀，松、潘副總兵何卿，亟帥家丁，赴蘇、松軍門候用（按：《江南經略》卷八下云："迄今海濱未得良將，言官交薦貴州總兵沈希儀［按：原作"沈希夷"誤］智勇絕倫，且有家兵二千可恃；又云四川名將何卿，俱未試也。"蓋係指未調時語）。

按同月丁亥，兵部尚書聶豹等言，有"起原任總兵沈希儀、何卿各帶家丁打手一千"之文，可見其所帶人數。明年九月，卿且充副總兵官，總理浙、直海防（見《實錄》卷四百二十六）。然卿與希儀名位已極老而氣驕，且不諳海道，兵與將又不習，竟不能有所為，均為巡按御史周如斗所劾罷（據《明史》語并參閱上編調兵）。另又有陳淮者亦率家丁禦倭，《崑新合志》云：

陳淮字禹治，為諸生，以文章自負……乙卯（三十四年）賊酋五十七人自上江突犯留都，轉走蘇之靈巖山，驍悍莫禦。淮率家丁詣督府請自效。督府壯之，授藍號信職，督領嚴家兵（按："嚴家兵"事詳見後附錄中）為奇兵，左右衝突。兵未集，猝與賊遇，淮接戰甚力，莫有應者，遂遇害。家丁吳循、文瑞、來祥皆死。越二日，得淮屍，面如生。

南京御史金洳等更請用勳戚蓄養之家丁禦倭，《實錄》卷四百二十五云：

三十四年八月乙亥，南京御史金洳陶承學各言……將兩京十三省見監並緣事大小武臣，許令殺賊贖罪。又公侯勳戚世臣，有蓄養家丁，行令督率效用。兵部議覆……緣事武臣，本犯仍監候，許令子弟家丁報效贖罪；充軍者以擒斬十名顆，永遠充軍者以二十名顆，死罪者以三十名顆為率。勳戚家丁事情未便，姑已之。詔悉從部議，第武臣犯死罪者，不准贖。

繼則有劉燾家丁之事件，《實錄》卷四百二十六云：

九月甲寅，浙江、杭、嘉、湖兵備副使劉燾督兵五千餘，分三道攻陶宅倭巢。倭二百餘來迎敵，諸軍望見皆散走，燾與家丁陸本高等二十餘人各引滿射之，賊不敢逼。燾僅以身免（按：馮汝弼《當湖剿寇紀事》亦有"劉乘馬率家丁五十餘人"之句）。

又有齊恩與家丁等之死節，《實錄》卷四百三十四云：

三十五年四月甲辰，江北倭寇流刼至圖山山北等港，無為州同知齊恩率舟師迎戰，敗之，斬首百餘級。恩長子尚文，次子嵩，叔仲實，弟寶榮，姪慎、寅、友，良大卿，孫童俱在行，嵩年十八，驍勇善射，獨前追賊至安港，思等從之。會伏發，賊四面合圍，恩等及其家丁錢鳳等二十一人力戰，皆死之，獨嵩、慎、寅三人得脫。

後又命各宿將携家丁往南直隸候用，《實錄》卷四百八十一云：

三十九年二月壬寅，以江北倭寇未寧，添設水兵把總一員於狼山，民兵把總二員於曹、沂二道，命原任大同參將朱雲漢、宜府遊擊郝英、四海冶守備岳嵒，各攜家丁，赴淮揚待用，從巡撫都御史唐順之奏也。

又卷四百八十二云：

三月丙戌，詔原任大同參將王鈺、山西遊擊趙倫、京營遊擊劉莊，各攜家丁，赴蘇、松地方候用，從應天巡撫翁大立請也。

又鄭端簡（曉）《奏議淮揚類中記》有新任通泰參將梅希孔統領家丁軍兵共二千二百六十九員名，有判官趙卿帶家丁趙士太、巡檢趙仲爵同家丁趙鳳鳴、典史余廷舜家丁余成民，有千戶王桓與指揮張禾、義勇官王美等各領家丁二百餘名，又有張恒分遣家丁，臨陣效勇等類之事件，而《荊川外集》亦記有淮揚參將曹克新報……帶領弓箭家丁，親身首先衝鋒迎敵，又有南京兵部尚書張（時徹）所遣家丁白虎等四十名，驍勇善戰等類之功績（皆詳見柳翼謀先生《江蘇明代倭寇事輯》所引），是皆可證當時蓄養家丁之普遍矣。又有名家兵者，其實亦家丁也，《倭變事略》云：

初湯公（克寬）在鹽時，有家兵黃猛者，膂力絕人。先從公守浙東，與賊戰於普陀山，猛被圍數重，身被數十鎗不死，突出重圍；賊亦知其名，謹避之。後在鹽有他遣歸，而城門適閉，呼不得入，植長竿於城下，緣之而上，見者駭異。抱病從征，猶殺六賊而死。

又《籌海圖編·殉節考》云：

三十三年四月，賊入上海縣，指揮武尚文死之。尚文，鎮海衛人，從參將湯克寬駐軍上海。賊逼縣治，尚文率家兵禦之。出東門，遇賊遊兵，輒敗之。乘勝進攻，賊伏水傍，俟尚文過，以利刃斷馬足；馬蹶，尚文死焉。

《慈谿縣志》則述有倪泰員之家兵云：

三十五年九月，官兵與賊戰於雁門嶺，餘姚生員倪泰員募家兵四百餘人,從湖廣守備楊縉擊賊於龍山,三戰三捷,乘勝追賊。泰員率家兵獨抵賊巢,人人以一當十,殺賊頗衆。值天暮,賊死出鬥,兵疲勢孤,與家兵四十二名俱死。阮鶚率官兵至,滅之。

《倭變事略》記王江涇之捷,有總兵丁僅之一家兵奮勇獨前事,而《實錄》卷四百七十一中,有陞授家兵之功云:

三十八年四月戊申,錄三十四年王江涇、乍浦、杭州、北關等處斬獲倭寇功,陞授武生家兵趙凱等七人有差。

此外鄭端簡奏議記江北禦倭,則述有百戶伯永福帶領馬上家兵四名及桃源縣義民夏參父子家兵共二十餘人之事,茲不必詳引之矣。又有所謂親兵者,恐亦與家丁近似,浙江幕府即有四千餘人,《古今圖書集成·戎政典·兵餉部彙考》引《明通紀》云:

浙江故有幕府親兵四千五百人,其人多括、蒼諸郡民家子,故少保胡纘宗倚之起戰功,餉資至糜,縣官廩不貲,故尚書趙文華來代,稍稍為裁縮,然猶月一金(按:"胡纘宗"當係"胡宗憲"之誤,但"趙文華"非代"胡者",又當係"趙炳然"之誤)。

而鄭端簡奏議述禦倭江北,亦言及參將梅希孔部下親兵參戰,及吏目孫好仁差親兵邵相等海門縣探聽,與參將張恒喬基員下親兵二百六十名事,茲不具錄。

(乙)打手—打生手—打生弩手—
殺虎手—鈎刀手神槍手—鐣篙手—快手等

按除京營神鎗手等名稱(見前調兵)及山東長槍手(按:《明史·兵志》記鄉兵之著者,謂"山東有長竿手,徐州有箭手",長竿手當即長槍手,徐州箭手恐當時亦有應募者),與戰船上之椗手等,已述於前外,尚述及于東莞打手(按:《兵志》又云"粵東雜蠻蜑，習長牌矻刀，而新會、東莞之產強半"，不知當日所調者，係指此而言否？）。又《籌海圖編·廣東事宜》云：

嶺南濱海諸郡，分為三路：左為惠、潮，右為高、雷、廉，而廣州中處……廣東兵餉，舊制於潮州府民壯數內抽追工食，選募打手駕船後生，分守三路。

當日調取廣東兵船，似應有此種打手在內。此外又有所謂打手者，《籌海圖編》云：

打手須用行文，四處選取，每百餘名選一驍勇知名之士率領，其給賞冠帶，假以把總名目，與礦夫同。

此種打手，似與現在拳術家之意義相類，既謂"四處選取"，則自不在一地。而《明史·兵志》云：

嵩及盧氏靈寶永寧並多礦兵，曰角腦，又曰打手。

似專指在河南者而言，然必有應募以禦倭於江浙者。又《澉浦詩話》云：

嘉靖三十二年，倭入嘉興府境，百戶徐東瀛統軍至，申號令，明賞罰，選屯之餘夫，為請兵甲。倭畏撻，乃令百人習棍曰"打手"。

則打手當即為倭所畏懼者。又有所謂打生手者，《明史紀事本末》載御史屠仲律上疏中有"責江南守令，以訓練土兵保全境內為殿最，沿海沙民、鹽徒及打生手，宜收錄，併力禦賊；詔從之"之語可證。更有所謂打生弩手者，《常熟昭文合志》云：

三十四年四月，倭自三丈浦分掠常熟。參政任環與知縣王鈇共剿賊于鹿苑，斬首五十級，生縛七人，溺死者無算。吾邑剿寇功，以此為最。鈇又募打生弩手守女牆，射賊應弦而倒，賊不敢近，以是城得保全。

則指一種善射之人也（按：《江南經略》卷八上《兵器總論》中謂使弓弩之家

凡十四,其末一家曰"打牲")。又有所謂殺虎手者,《實錄》卷四百二十四云:

三十四年七月丙辰,南陵倭流刼至蕪湖……趨太平府(按:此雖在今皖省,當時固同為南直隸所屬)。是時操江都御史史褒善駐太平,遣千戶曾屐等督鄉兵、義勇、殺虎手等兵禦之于馬廠,大敗。賊遂進逼府城,城中人斷河橋防守;賊引而東……遂直趨南京。

其所謂殺虎手者,當係指獵夫而言,惜其縱能殺虎而不能殺倭也,倭豈亦猛於虎者乎?又有所謂鈎刀手者,《江南經略》云:

三十四年五月……賊復合夥,揚帆而前,我兵用銅發鑛燬其舟。賊登岸,兵備任環帥鈎刀手當其衝,與賊鏖戰,自辰至申,凡二十合。賊遂大敗,斬首八百餘級,我兵不損一人,蓋月之二十二日也。

又除京營神鎗手三千名外,《上海縣志》亦載神鎗手事云:

三十三年正月十八日,賊將蕭顯……登東門外石匠家樓,穴壁覘城中。董邦政以兵力微弱,櫻城固守;城新築,杵土未堅,多有崩壞,邦政命神鎗手於壞處擊賊輒斃,賊不敢近,僅四郊野掠。

又有所謂鎝篙手者,鄭端簡《奏議剿逐倭寇查勘功罪疏》中有云:

〔三十三年二月〕三十日,前賊又到丁溪、河垛二場,燒熰房一百餘家,殺死竈丁張禹等一十二名口。當有巡檢李旻會同東台河垛場官雷濟等率領鎝篙手人等,追至傅家口、三里橋等處抵敵,斬獲首級一顆,奪獲倭刀二口,並弓箭口袋布疋等件,被賊戳傷鎝篙手史華。

又快手者,本衙署差役之名,而當日亦有用以禦倭者,除臨清、曹濮二道團練快手兵三千名外,鄭端簡《奏議剿逐江北倭寇疏》中有云:

餘賊一百五十餘人,在於馬沙東套口港守船。比職密撥水兵楊雲路王夫馬柏義等同原差快手共二十四名,前去哨探。又撥水兵一百五十名,東西二路藏伏。有賊一十三人,前來隔港交戰,快手張柄等用放火器見陣，打死二賊，隨被各賊搶回。有快手周桐過港，又用火器追打，比銃發，破傷面目等處。……五月十七日，據本州探信快手孫煜走報，倭寇約有二三百人，從如皋縣丁堰鎮來，至天生港沿沙一帶，直抵狼山地方。

而上海亦有之，《松江府志》云：

三十二年閏三月十三日，賊首蕭顯流突沿海殺掠，兵備副使吳某調發鎮江民兵二百人，及上海快手三百人，委松江通判劉本紀帥之，四面困賊於十九保連賓花橋，賊突出，陳寶等沒於陣。

是則快手而兼快足者，庶可免於倭寇之傷害乎。

（丙）鹽徒—竈勇—沙兵—耆民兵

按募鹽徒為兵，元代卽已有之，《元史·兵志》云：

世祖二十二年，江淛省募鹽徒為軍，得四千七百六十六人，選軍官麾下無士卒者，相參統之，以備各地鎮守。

又《順帝本紀》云：

至正十二年正月，命逯魯曾為淮東添設元帥，統領兩淮所募鹽丁五千，討徐州（按：其時方國珍、張士誠皆曾販私鹽者，部下鹽徒當非少數）。

《明史稿·兵志》云：

瀕海鹽徒、竈丁，習舟與海，與閩之漁戶，皆利水戰……商竈、鹽丁，以私販為業，最勁果。成化初，毛里孩犯陝，河東鹽徒千百群，自備火砲戰車積弩，雜官軍中逐寇絕河，捆載皮角私鹽以歸（按：末句《明史》刪）。松江曹涇鹽徒（按：《明史》有"嘉靖中"三字），常與倭格，倭敗走島中，追焚其舟，生倭至，乃脫。自後見民家有氆氌者，輒搖手相戒。

而《松江府志》引張鼐《倭變甲乙志》云：

（七）其他雜軍

海上莫勁於鹽丁，往來倭寇，嘗為所偪，遁於海中小山，鹽艘圍之數币，焚其舟，且絕粒，適他倭舟至，乃脫去。後至曹涇，見家有鹽包者，戒勿犯。故當時議者，謂宜擇豪富為衆服者，使得募竈丁團結以捍賊云。

《倭變甲乙志》或即《明史稿》所本者，而所記較詳。《江南經略》卷四下《華亭縣總論》云：

舟楫之絕技，莫如鹽徒，沿海如曹涇、青邨等地，鹽場在焉，鹽徒之所聚也，若能撫而用之，則不必另募兵勇，于禦寇也何有？

而實行募鹽徒為土兵者，則有喬鏜等人。《川沙廳志》云：

喬鏜，字子聲，號春山，太學生，慷慨有志略。嘉靖癸丑（三十二年），倭寇入犯，鏜首發團練土兵之議……鏜與父晟募集勇士，得千人（《江南經略》作"募鄉兵四百"），各從所親為伍，所習為技。部署既定，出戰無不以一當百，斬獲無算。

又《南匯縣志》載盛際時、潘元孝及閔電三人募兵之事云：

盛際時，號子亭，亦太學生，奉檄募兵二百禦倭，保新場，以善戰，號盛家兵。後官青州府通判。

潘元孝，字見陽，亦太學生，奉檄募鄉兵三百，扼連筆花橋（按：即前"連賓華橋"），邀殺賊之出刧者，未錄功而卒。

閔電，字起光，諸生，有膽略。三十一年，倭寇起，與潘元孝倡義，團土兵千人，自率之。合鎮江兵陳寶等同圍賊於連筆花橋，斬獲頗多，以衆寡不敵，與陳俱戰死新場。廕一子百戶。

此數人者，皆團練土兵，而《松江府志參·南匯縣志》云：

時賊勢張甚，而僉事董邦政，把總婁宇，常立戰功。知府方廉措餉懸賞格，召募壯勇，聽沿海民募壯丁自相團保，於是國子生喬鏜、盛際時、潘元孝，諸生閔電等，各募海上鹽丁數百，分扼要害。

據此，則所募者縱非盡屬鹽丁，而鹽丁當非少數。又《明史·鄭曉傳》中有"募鹽徒驍悍者為兵"句，故其奏議中即多處談竈勇事：如《擒勦倭寇疏》中有"判官馬俞計令各場官吏督率竈勇潘岑等相機剿捕"事，又《勦滅江北倭寇查勘功罪并乞預為防禦疏》有"呂四場把截百戶伯永福……大河口備倭千戶常、潮各領民兵竈勇人等與賊對敵，被傷親兵王伸等三名，竈勇顧松林等三名"及"各寇復到新港，官兵截殺，被餘西場竈勇曹大化斬獲首級二顆，"與"動支庫銀，隨軍犒賞，軍民竈勇，莫不悅服，咸有奮志"，以及竈勇張相、王安、嚴旺、周保、王祖、曹栗、徐篦等之名，與"動支官銀一千五百兩行委運司判官馬俞召募各場竈勇在場防禦"等事，皆可證當日竈勇之應募作戰也。又有使用沙船之民而為兵者，謂之沙兵，《皇明世法錄》云：

崇明人性剛氣猛，好勝而輕生，故蘇州諸邑，惟崇明之地為最險，亦惟崇明之人為最悍。邇來倭寇不靖，一或登岸，輒流毒內地，若沙兵與之水戰，岡不殄滅。

而《實錄》卷四百一十七云：

三十三年十二月乙亥，兵部覆巡按直隸御史徐紳議備倭，謂倭賊嘗以設伏取勝，不繫兵眾寡。今蘇、松、常三郡民兵軍餘及諸路所調募者，殆四五萬眾，而兵多無制，何以克敵？請自今嚴行守臣，簡練本處壯、快沙民，使之人自為戰，因汰去客兵之無用者。其供億諸費，或以應天、徽寧、池太、廬州、安慶、滁和、廣德等府州所屬民壯弓兵於十分之內，其六存留守禦，其四暫免應役，每名輸工食銀七兩二錢給軍，或以南京兵部積貯船料銀暫借二十萬兩，俟事寧漸次補償。得旨允行，南京兵部銀准借十萬兩。

又《籌海圖編》引兵部尚書楊博題云：

為今之計，合以練兵為實事，以募兵為權宜，以調兵為奇道。募兵則遠募不如近募，調兵則多調不如少調。募兵先儘本地方驍銳，若浙江處兵，江南沙兵之類；其遠方驍銳應募者，亦須土人保任，優其募價，什伍聯束，而歲番上之，不得自去自來如往時，則募兵亦土兵也。

蓋沙民之宜於禦倭，固有如《江南經略》卷三下《崇明險要論》末段之所云者：

或問倭性狡悍，豈沙民之所能敵乎？曰，否。海中之洲，有山者謂之島，無山者謂之沙，沙島之名雖殊，其為海處一也。深淵巨濤，閱歷出沒，島人能之，沙民亦能之。迎潮戲風，低昂傾側，島人能之，沙民亦能之。火攻石擊，進退衝犁，島人能之，沙民亦能之。危礁暗磯，練達翅避，島人能之，沙民亦能之。更船針路，候望推測，島人能之，沙民亦能之。風食露宿，服習忍耐，島人能之，沙民亦能之。殺人于貨，狡猾狠頑，島人能之，沙民亦能。弗鬥原野，弗交短兵，而但相與角智力，決雌雄于湮波浩渺之鄉，沙民何歉于島人哉！所貴者，用之有道，馭之有方，得其心，斯得其力；得其力，斯得其效矣。

又卷八上《沙船論》所云，亦足見沙兵之長技所在：

水戰非鄉兵所宜，乃沙民之長技也。蓋沙民生長海濱，習知水性，出入風浪，履險若夷，直隸太倉崇明嘉定皆有之。

就此可知沙兵蓋為時人所重視者。至沙兵之參戰者，則《江南經略》卷二下云：

三十三年四月，賊入劉家河，逼崑山縣城……賊知我兵怯，肆志無忌，直抵東郊新洋江口泊焉。自是來者接踵，焚刼屠戮，沿城民廬，一朝丘墟矣。兵備僉事任公環自太倉調遣沙兵二千來援，盜賊充斥，州縣路絕，沙兵從間道紆迴而行，不能遽達。賊偵知之，以數舟張幟，使人佯報曰："任爺救兵至矣，速開門納之！"

守城民夫見之，踴躍欲出；識者曰："此計也！安有官軍近賊，而賊身不震動者。"賊計不行，退入艅。後二日，沙兵始至。

惟此二千沙兵到後，即未續述其行動若何，對禦倭事若全未盡力者，他書亦未有所記錄，則不知其故何也？另《實錄》卷四百二十五云：

三十四年八月壬辰，蘇、松巡撫曹邦輔檄僉事董邦政，把總婁宇，以沙兵擊滸墅關倭寇殲之……時邦政宇督沙兵守陶宅，邦輔計陶宅賊據險且衆，未可進兵，乃召邦政宇以沙兵助剿，一戰斬首十九級。賊始懼奔吳舍，欲潛走太湖，我兵覺之，追及於楊林橋，盡殲其衆。此賊自紹興高埠奔竄，不過六七十人，流刼杭、嚴、徽、寧、太平，至犯留都，經行數千里，殺戮及戰傷無慮四五千人，凡殺一御史、一縣丞、二指揮把總，入二縣，歷八十餘日，始滅。

是沙兵之功偉矣！按董邦政、婁宇皆統率鹽徒沙兵，則兩者固二而一也。又有耆民者，其稱雖異，其實亦此類也，《籌海圖編》云：

三十四年正月，賊入崇明縣，知縣唐一岑死之……賊據縣城，諸耆民相與謀曰："唐父母被害，而吾輩乃容賊盤據吾縣耶？"於是相與僇力為死鬥，賊二百人皆被滅。

據《崇明縣志》，則復城滅賊者，乃邑諸生顧國、樊瓛所組織之忠義民兵也。其軍又稱耆民兵，而同稱耆民兵者，則尚有施琔所借勇敢士，亦見於《崇明縣志》。又《寶山縣續志》謂縣中簽點大戶為耆民，助兵勦賊，而黃姚里嚴大顯兄弟五人與之，號嚴家兵，馬元調曾傳之，見《嘉定縣志》（并見柳翼謀先生《江蘇明代倭寇事輯》所引），要皆以耆民而成軍者，故時人謂之耆民兵也。與耆民兵最相熟者為任環，《江南經略》卷三下《崇明縣倭患事蹟》云：

三十二年十二月，副總兵湯克寬奉命討賊。賊首蕭顯偵知之，招集各沙新賊以待。克寬率邳兵渡海，時府同知任環將沙耆民兵於海瀕，謂克寬為前總兵慶子，家世將兵，必善射，以所部耆民兵兼屬之。克寬渺視蕭顯不足敵，猝發兵抵沙岸，天未明，竟進。蕭顯多智，預於沙岸設伏，俟湯兵半至，伏起，湯兵大驚，前後不相顧，潰亂而敗死者千餘人。克寬收兵還，環大悔之，自率耆民兵與賊相持。耆民心素歸環，樂於效死，凡賊舉動機智，環皆覘知而預備之。蕭顯懼甚，欲走而不可得。

然克寬後亦曾以耆民兵獲勝，《松江府志》云：

三十三年三月，賊眾劉三等入吳松江，總兵湯克寬帥耆民施大鯨等擊之，斬首百七十餘級，餘悉就擒。

其後任環又曾率耆民與湯克寬同禦倭焉，《江南經略》卷二云：

三十四年五月十三日，兵備副使任環與總兵湯克寬等提兵至木瀆剿賊……賊入太湖，與吳江水兵戰於湖中，焚刼洞庭兩山。一艘為團長徐朮等阻截，自黃麻門，從衝山、漫山而下，向空湖、常州境去；一艘為耆民周瓚等所追，至於獨山，轉戰三四十合，從無錫境去，遇官兵不得進，退入太湖。

常熟知縣王鈇且率耆民追賊殉難，《實錄》卷四百二十二云：

三十四年五月丁巳，倭寇常熟縣，知縣王鈇率兵乘城禦之。賊屢攻不克，移舟泊三里橋，鈇及鄉官參政錢泮率耆民家丁追賊，及於上滄港，為賊所掩擊，俱死，其民丁僅有脫者（末句一作"耆民無脫者"，按：《常昭合志稿》則云"獨耆長數人從，皆力鬥死"）。

同時副使李政亦督率耆竈殲倭于江北，《實錄》同卷云：

五月甲辰，倭寇五十餘人，自山東日照縣流刼安東衛，至淮安贛榆縣。是日，呂四場有倭舟突犯，沿刼東團等處，該場副使李政督率耆竈奮銳攻之，斬首四十五級，盡殲其眾。

鄭端簡奏議中有《剿滅江北倭寇查勘功罪并乞預為防禦疏》《剿逐倭寇疏》與《官軍奮勇殺敗大勢倭寇疏》等，皆分述耆民江鐸等斬獲首級之功者也，茲不贅述。

（丁）各文職官如譚綸—董邦政—羅拱辰—武暐—章道明—劉畿—方輅—蔡本端—萬鵬—林東伯—宋繼祖—張冕—劉泉—閻士奇—喬登—張格父子—杜槐父子—王沛叔姪等之督民兵禦倭者

以文職官而練民兵禦倭，除楊芷之於水軍、任環之於耆民及錢錞、王鈇之死難者外，當以譚綸為最有功績，《浙江通志》引《名山藏》云：

譚綸，字子理，宜黃人，嘉靖進士。倭寇東南時，台之仙居黃巖新中寇，郡兵幾萬人皆異懦。綸為台州知府，簡習精卒千人，一捷于北嶺，一捷于楊沙溪，以此知名。遷浙江副使，為巡海使者，悉散諸徵調，一意練土著，倍餼餉，備器械，勵威信，必誅賞，教之三月，部士皆爭命死敵。浙寇平，陞參政，轄海如故。

《明史》本傳亦記其練兵禦倭事，至與戚繼光齊名稱"譚戚"焉。次則董邦政與羅拱辰亦甚著名。《松江府志》云：

董邦政，字克平，信陽人（按係山東"陽信人"，此誤），以鄉貢授六合知縣，善騎射，常擒江中劇盜，以勇敢果毅聞。嘉靖三十二年，擢按察僉事，奉檄討倭，駐節上海。時新築城，戰守未備，賊蕭顯駕七巨艘，潛泊城下，穴民樓壁，瞰城中虛實。邦政登陴督戰，所用神鎗手以一當百，賊不支，遁去。

《六合縣志》亦云：

孫二把勢六合人，膂力技藝，冠絕流輩，邑令董邦政所養士也。嘉靖時，倭內寇，董督民兵禦之，孫為先鋒，數奏奇蹟。後倭大至，孫揮刀戰，眾寡不敵，遂沒於水（按：該《縣志》尚載陳山等十餘人俱應募戰歿，邦政設屬壇為位祭之）。

《實錄》及《江南經略》中亦記其募沙兵及戰陶宅等處之功績，茲從略焉。至羅拱辰事，則《倭變事略》云：

三十二年……以松陽令西泉羅侯拱辰來鹽代守。羅廣西人，以教職轉令，有膂力，熟弓馬，能擲標鎗於數十步外中賊，督撫知其能，檄守吾鹽。暇日邀師生輩教射，會飲談兵，嘗於座上射，矢不虛發。擢吾郡同知，未幾，擢浙僉憲。五月十八日，賊數十犯平湖，居民死者百餘人。二十日，羅率兵征剿，斬首七級，賊夜遁，攜掠諸物，棄不暇載。

而《實錄》及《方志》中尚多記載其功績，茲亦略之。以知府率民兵而禦倭者，則有武暐，《實錄》卷四百六十云：

三十七年六月己卯，贈故台州府知事武暐為太僕寺寺丞，廕其子尚賓為國子生。暐，溧水人。三十一年，倭既破黃巖縣，由臨海釣魚嶺趨府，暐率民兵伏岇嶺下待之。賊至，射殺二人。賊驚引旋，暐督所部卒追至釣魚嶺，力戰而死。至是，尚賓上疏自言，下所司覈實，乃有是命。

以同知與縣丞率民兵而禦倭者，則有章道明與林松，《贛榆縣志》云：

嘉靖三十四年，倭由夾倉山登岸，掠縣東鄙，海州同知章道明，縣丞林松率民兵禦之。

另以知縣督民兵而禦倭者，則有劉畿，《瑞安縣志》云：

劉畿，字子京，長州人，嘉靖三十年任。時承平久，防禦廢弛。倭寇至，畿製兵器，築沙城，募義勇。寇薄城，躬冒矢石督戰。寇退匿南蠏山，虞其復發，督兵船剿之，民獲安堵（按：王世貞為作《神道碑》中有云:"復募壯士並邑中子弟教之為陸陣,遏賊於飛雲江,又殲賊銅嶺,入為吏科給事中,後巡撫兩浙。"蓋即前文"請減派山蕩稅銀"者也)。

有方輅,《台州府志》云:

三十一年三月四日,有漳倭七十餘人,焚掠江綰。六日,又有薄臨頑者,把總劉鏜禦之,太平知縣方輅調鄉兵拒戰,王千戶之弟死焉。

有蔡本端,《石門縣志》云:

三十三年五月,倭五十餘,又從石墩徑至崇德。蔡令本端督民兵禦之,殺數人,焚十餘家去(按蔡後坐失事去職)。

有萬鵬,《紹興府志》云:

三十四年十二月乙未,賊抵新昌,焚民居,殺戮一、二百人,屯醴泉。知縣萬鵬率民兵拒之,不克,賊亦去(按:萬後因勞瘁卒於官)。

有柳東伯,《慈谿縣志》云:

三十五年四月,浙東新賊攻觀海衛龍山所,進陷慈谿縣。時賊自鳴鶴、臨山、三江登者,各千餘,越數日始終。攻觀海衛龍山,生員李良民統兵禦之。賊乃往慈谿,慈谿無城,知縣柳東伯率民兵禦之。而賊分蹤繞出兵後,衝縣市,都長沈宏帥族屬士兵剿之,斬首百餘級,賊即遁去。賊首為周乙,豐洲酋也(按:柳後因失事被逮,以無城可守,減罪革職)。

有宋繼祖,《浙江通志參·寧波府志》云:

胡滾,字克源,定海人,有勇略。倭寇瀚洲梅家墊,邑令宋繼祖募義兵往禦,以滾為長,率眾出海。時寇立木柵,繞以鹿角,四圍皆汙田,勢不可破。滾奮勇爭先,摩其壘,與之健鬥。然所部皆烏合士,見賊眾皆奔,滾獨後殿。賊突至,乃手刃三人,力竭,遂為所害。弟沛往救,同沒於陣,宋令申于督府,旌其門(按:《籌海圖編》尚有宋與盧鏜、李良民等會攻舟山謝浦之賊等事,茲不具錄)。

有張冕,《福建通志》云:

（七）其他雜軍

張冕，字莊甫……嘉靖丁卯進士，除烏程知縣……浙西患倭，冕增築城垣，分習技擊，立隊伍，密偵哨。倭犯太湖，抵洞庭山，冕陳兵湖中，射斃賊百，破走之。尋犯北新關，冕計其必取道新市雙林以歸，伏弩桑林中邀擊之，擒斬甚衆。又蹀戰于鸚脰湖，敗之。三十五年夏，倭由烏鎮入，將掠湖州，賊衆號萬，我兵僅千五百，冕分布迫賊地，身往來督視，賊不敢進。時議者慮郡城單弱，兵備副使數檄冕還城守；冕曰："戰即守也！"益治兵，賊留四日，遁去。遷桂林同知。

而督義勇民兵以嬰城固守，如嘉定知縣萬思謙，通州知州李汝杜等者，尚難具述。又以推官率鄉兵而禦倭者，則有劉泉，《籌海圖編》云：

三十四年六月，賊從嘉善縣遁去，嚴州府推官劉泉復大敗之。賊已不能取道蘇州，乃折而東南，從嘉善乍浦，以趨舊穴。泉率鄉兵禦之于三店塘，復大破之，斬首四百六十餘級，焚溺中毒死者復千餘人，蓋不藉客兵之援而專督鄉兵之功也。

以主簿率鄉兵截殺者，則有閻士奇，《通州志》云：

嘉靖三十三年，倭寇四千餘人，犯如皋，邑人奔潰，主簿閻士奇督勇兵追剿，獲賊首三級。賊又寇北極門，閻仍率兵禦之……五月，倭劫東陳鎮，閻率鄉兵截殺，獲銅佛郎機二架。

以典史而將民兵禦倭者，則有喬登，《浙江通志參·平湖縣志》云：

喬登，字子高，延津人，以吏員任平湖典史，敢死有義氣。嘉靖癸丑，倭寇突至，登奉檄禦于邑東南之曹家橋，所將民兵皆不習戰，猝然見敵，皆望風逃竄，惟登奮身不顧，率其子戰歿於陣。列祀報功祠中。

以省祭官而練兵禦倭者，在蘇則有張格，《武進陽湖縣志》云：

張格為府省祭官，嘉靖三十四年倭警，府使格練鄉兵禦之。格不知兵，子邦定請代，戰于鄭陸橋，伏發，衆駭潰，邦定手刃數人，馬躓被執，截髮逼降，不屈，磔死。

而在浙則有杜槐，《實錄》卷四百四十云：

三十五年十月癸巳❶，贈慈谿縣故省祭官杜槐為光祿寺丞，仍廕一子為國子生，並贈其父文明為府經歷，俱命有司立祠祀之。初，倭入慈谿，槐父子率兵追敗之於王家團及橫塘等處（按：《浙江通志》引《寧波府志》云："槐散家貲，結驍勇，值縣僉其父文明為部長，令團結保聚，槐傷父老，以身任之……後賊見黑旗即驚曰：杜兵至矣！"云云）。海道副使劉起宗因以便宜，委之防守餘姚、慈谿、定海三縣。未幾，與賊遇於白沙，一日戰十三合，殺賊三十餘人，斬其一酋，槐亦被數創墮馬死。時文明別將兵擊賊於鳴鶴塲，斬白眉倭帥一級，從七級，生擒望斗師、陳福二賊。賊驚遁，呼為杜將軍。已而復追賊至奉化楓樹嶺，以兵少無後繼，陷沒。至是，巡按浙江御史趙孔昭聞其事于朝，因有是命（按：《籌海圖編》記杜槐父子事甚詳，惟其《狗節考》則云"其父文明"，而於《浙江倭變記》中又云"其父杜槐"同在一書，竟矛盾如此！）。

而良醫王沛與其姪王德亦禦倭而死義焉，《籌海圖編·狗節考》云：

三十七年四月，致仕僉事王德與賊戰于龍灣，死之。德，永嘉人，原任廣東僉事，憤倭流刼，募集義兵二千，水兵二百剿之。與賊遇于龍灣，殺賊數十。既而伏賊四起，德被圍死戰，遂遇害。

又云：

良醫王沛與賊戰于梅頭嶺，死之。沛字崇大，以例授良醫七品散官。歲壬子，倭寇海濱，崇大首倡大義，招集義兵七百餘人，團操保禦，屢建奇功。後因從子廣東僉事德致政而歸，加募勇壯至一千五百有奇。伺後與賊戰龍灣，戰長沙，皆有戰績。至是，與賊戰于梅嶺，賊衆大至，沛衆寡不敵，遂死之。

---

❶ "己"當作"巳"。——編者註

（七）其他雜軍

此外如原任吏部主事史際既輸米五千石助軍餉（見《實錄》卷四百二十五），倭寇其故鄉時，又募敢死士段天恩、史貴等擊郤之（見《溧陽縣志》），以非親身督戰，故不具錄，而凡率兵保境如句容知縣樊垣之類者，亦見遺焉。

（戊）各儒生民衆如周大章—潘蔚卿—龔良相—謝志望—胡夢雷—金應暘—戎良翰—林田—陶治臣—汪較—張涓—周伯—曹袾—柴秩—姚思敬—張元愷等之奮勇禦倭者

以儒生而督兵參戰如喬鏜等者，上文已有所述及，茲不再贅。其以舉人而訓練義勇禦倭者，則有周大章，《吳江縣志》云：

周大章，字章之，沈雄慷慨，具文武大略，壬子舉人。明年下第歸，值倭夷入寇，轉略近地。大章乃糾合義勇（按：《楊芷傳》作"數百人"），教練之，部署指揮，儼然一老將也。以平望夾浦為南北要害地，乃進議於知縣楊芷，設兵駐守，日治戈船。寇至，或飛艦截其上流，或輕舟邀擊，親冒矢石，戰湖蕩中，勝於青陽港、錢田、石湖、唐家湖、鶯脰湖、太湖諸處，終始五年，斬馘過當。胡宗憲上其功，蔭其子崇仁蘇州衛副千戶。後官瑞安知縣，所著有《禦倭武略》行於時。

以生員而禦倭者，則有潘蔚卿，《崑新合志》云：

潘蔚卿，字元山，諸生，饒膂力，能舞大刀，騎射絕人。倭犯東南，蔚卿斬獲甚多。嘗貫數十首級，上功，幕府抑之，怒遁去，見大澤中寇方聚飲，又盡殺之。太僕歸有光呼之為潘將軍云。

有龔良相，《崑新合志》云：

龔良相，字輔卿，為諸生時，值倭寇攻城，邑令祝乾壽發諸生守陴，嘗以身翼蔽乾壽。又身請督戰，橫戈被鎧，時有斬獲。都指揮梁鳳擁客兵邀賞，逗撓不進。良相上書勸責，鳳勉與寇戰，旋亦遁去。後授光州通判。

有謝志望，《餘姚縣志》引《備倭事略》云：

三十四年十一月，倭賊歷奉化轉戰至四明斤嶺，居民弗虞寇至，不為備，焚劫尤慘。官軍不能勝，餘姚謝志望軍追及之。志望，文正公（按指"謝遷"）曾孫也，捐家貲，募勇敢五百人，分三隊，左右翼遇賊酣戰，自卯至酉，殺九人，射傷二三十人，矢盡力疲，奮呼陷陣，卒被殺。志望客十餘人，咸身蔽志望，亦被殺。

有胡夢雷，《餘姚縣志續》引《禦倭忠節列傳》云：

會參將盧鏜兵追及，與戰於斤嶺，於梁衙，倭盡焚廬舍郤走。已復由百官渡曹娥江，諸生胡夢雷與從兄應龍、操六等率鄉兵邀戰於東關，死之（按：《籌海圖編‧殉節考》云："夢雷餘姚人，與堂兄應龍、操六等率卿兵報效，手刃數賊，力竭而死"）。

有金應暘，《籌海圖編‧狥節考》云：

三十四年十一月，儒士金應暘，與賊戰于母婆嶺，死之。應暘，山陰人。

有戎良翰，《浙江通志》引嘉靖《寧波府志》并參《慈谿縣志》云：

戎良翰，定海縣學增廣生，素以忠孝自期。嘉靖丙辰（三十五年），倭寇大掠內地，遂陷慈谿。良翰家靈緒鄉，與慈壤甚邇，乃倡義糾集鄉兵，僅得百餘人，與賊格殺，斬首二級，賊披靡去。已又遇賊於邱洋，良翰奮勇力戰，賊方蟻聚，竟不能支，為流矢所中死。監司為之禮葬，並表其門。

有林田，《浙江通志》引《溫州府志》云：

（七）其他雜軍

林田，字舜耕，泰順庠生。嘉靖己未（三十八年），倭入寇，至雅洋，將抵縣，田率鄉兵禦於排嶺。賊掩至，整兵力戰而死，贈州同知，建祠立祀。

又有陶治臣，《浙江通志》引崇禎《泰順縣志》云：

陶治臣，字君有，為邑諸生。嘉靖己未冬，倭寇至石門隘，殺戮慘甚。治臣捐資作餉，號召家丁鄉兵，共百餘人入捍，每戰屢捷，斬倭首三，從賊首級二十八，生擒從賊一。兵巡道凌雪翼條其仗義奮勇，屢立奇功，議以一等功賞，不受，賜七品散官。

以義士率民兵而禦倭者，則有汪較，《籌海圖編·狥節考》云：

三十一年四月，寇入奉化，義士汪較死之。較奉化人，力挽強弩，尤精矢藥，受刃精習，有司上於軍門，賜以義士關防。賊入應家棚，較率民兵射斃十餘。虜創艾遁去，較亦被傷而死（按：《浙江通志》引《兩浙名賢錄》謂："當事表其閭曰義士之門。"）。

而練士兵禦倭者，又有張涓，《松江府志》引《金山衛志》云：

張涓，字子清，金山衛人。嘗練士兵禦倭，屢敗之。會城中賽神，軍民不設備，倭突至，緣梯乘堞。涓急登城，冒矢石奮力擊刺；賊墮城下，餘儻而走，城賴以完，而涓已中彈死。

又有周伯，《常昭合志稿》云：

周伯，字懷堂，質直好義。縣令王鈇命大戶築城備倭，伯獨任鎮海門一段。鈇又選良家子訓練家屬為民兵。寇至，伯率家眾逐之，獲三甲首。

又有曹袄、曹禎集諸鄉兵以禦倭，鄭茂《靖海紀略》云：

三十三年五月，石墩賊掠園花山，由腹裏至麥庄橋。戊申，掠九都大康橋。鄉有曹袄、曹禎（按：《海寧州志》作"曹秩、曹正"）者，預集諸鄉兵，揚幟鳴金，若將迎敵，賊不敢渡河。余隨遣人賫旗區往獎焉，區曰"保護鄉閭",將以風來者。

又有柴秩與姪輔元則預練兵壯以備倭,《崑新合志》云:

柴秩,字虞叙。島夷通市浙、直者,剽掠歲見。秩策其必內訌,與姪輔元,相期為射會,日夜講求戰守之具,儲器械,結俠客,訓練丁壯,多蓄弓弩油蠟之屬,人或笑之。嘉靖甲寅四月,倭寇猝至,邑令祝乾壽知秩才,令守牛橋灣,乃攻圍最要衝也,秩與輔元率合族家丁三百人禦之。輔元,字子貞,能左右射,善矛槊,尤長大刀;城守四十六日,矢無虛發。遙見火光,連弩射之,斃其四酋。羣倭舁酋長牛角大王至城下,一矢貫其顱。有乘夜梯城者,手提三百斤巨石壓而殺之。秩又募壯士,夜往新洋江燒賊船六十餘艘,倭始懼,不敢犯東城,併力西關。其酋長二大王死,乃解圍去。

又有姚思敬者則率丁壯迎敵,《浙江通志》引嘉靖《定海縣志》云:

姚思敬,昌國里人,任俠尚義。嘉靖丙辰,倭賊據邵嶴,思敬倡率丁壯數十百人赴有司應募殺賊。明日,思敬赴賊所,俟賊出掠,遂挺戈迎敵,獨殺數賊。賊更迭出奇擾之,諸赴敵者潰,思敬力殫遇害。令宋繼祖給賞祭葬,扁其門曰"義勇"。

而張元愷更因殺賊致全家燬滅焉,《川沙廳志》云:

嘉靖三十三年,倭寇焚掠川沙九團,禮部左侍郎張霱姪元愷率宗人扼要守禦,屢挫賊鋒,一鄉賴以安輯。有賊百餘人,夜掠遇霧,迷入斷港,元愷率衆扼隘而殲之,倭切齒焉。七月十三日,倭衆大至,聲言復仇,本鄉匪人黃狗嘴、姚鐵臂,導以入。——初黃姚隸鄉勇,因無賴,為元愷所逐。時元愷已故,鄉兵紛無紀律;幷以前之殲倭也,頗輕易之。天未曙,猝然聞警,昏黑中,集衆拒守,殺倭數十人。倭衆四而雲集,喊聲雷動,始惶懼欲遁,而倭已過河入港,凡張氏數十家大小男婦,搜殺殆盡,室廬蕩燬。先是宅前楊家港水,忽赤如血,未兩月而遭滅族之慘。

其他以義勇禦倭著稱者，如南京之陳忠、丹陽之陳琯、通州之曹頂以及孫鏜等，已詳見於柳先生《江蘇明代倭寇事輯》一文中，故略去之。

（己）狀元兵—公子兵—忠孝軍—商兵—馬兵—教師—腳兵—丐者—邱將軍歌—丁壯士詩

所謂狀元兵者，係指沈坤募集之鄉兵而言，《淮安府志》云：

沈坤，字伯生（按：《崑新合志》謂"字伯載"），號十洲（按："一本"無此三字），大河衛人，嘉靖辛丑第一人及第，歷官南京國子監祭酒。在翰林二十年，天性鯁直，任氣違俗。居母喪時，倭寇適犯淮郡（按：《山陽縣志》作"三十六年五月，倭數千人，自日照流劫至淮安"，惟謂坤為"諸生"實誤）。坤散家貲，募鄉兵千餘人，自教練之。倭縱火延燒，官兵且郤，坤率所部親當矢石，射中其渠帥，乘勢追擊，寇乃去。未幾，倭復以數十舟溯泗而返（按：《崑新合志》作"倭復以二十二船，從泗州而下"），焚殺尤烈。坤與戰，復大破之，時人呼之曰"狀元兵"（按：《寶應縣志》云："倭從高郵至寶應，越宿，移舟淮境，遇沈狀元家兵，衝突復回"）。巡撫李遂薦其功（按：《崑新合志》云："巡撫李天寵薦其才兼經署，功收禦侮"，"天寵"實"遂"之誤），起為北祭酒；為給事胡應嘉所搆陷，巡按御史林潤劾之，遂被逮；未幾，卒于獄，人多寃之。祀鄉賢。

又前所述被王介誤為倭援之馬公子，後曾下巡按御史逮問，《實錄》卷四百四十八云：

三十六年六月己酉，揚州備倭參將王介、參兵備副使馬慎阻撓軍機，侵削兵餉。又言慎令馬公子奪己所斬賊級為功。馬公子者，尚書馬坤子也。疏下，兵部都察院閱奏言：用兵重事，文武官不相和協，難以成功。宜革慎任回籍，馬公子下巡按御史逮問，并勘介疏中情實具奏，介姑令戴罪剿賊。從之。

此馬公子之結果不知如何，惟率兵禦倭之心志，恐即無法實現矣。又李遂之公子亦自將擊倭，《淮安府志》云：

丙辰，倭寇淮揚，李遂為督撫，其子材上春官年二十餘，適在署中，見勢急援兵未至，白於父，發漕司庫金，募敢死士三千，給兵仗，自將奮擊，大破之。馳歸，不顯其功。沈睛峯在圍城中，親筆於書（按：《明史》材傳載其於隆慶中任廣東僉事時，尚有禦倭功績）。

又前入京請求調兵之徐藻，則因父仇而組忠孝軍，《浙江通志》引《（萬曆）嘉興府志參・海鹽圖經》云：

徐藻，字子潔，司訓縉子，海鹽庠生。痛父縉避倭驚病歿，具奏召集鄉兵滅賊，以雪父恨。得旨，名曰"忠孝軍"。乍浦沈莊，俱有戰功。功成，軍門優獎，不受賞而歸。

當時又有所謂商兵者，見鄭端簡奏議《三十三年五月十二日之擒剿倭寇疏》中有云：

巡鹽御史莫如士選取山西、陝西鹽商家屬善射、驍勇者五百名為商兵，專委運司副使汪集操練，以備城守。

又《實錄》卷四百二十四云：

三十四年七月丙辰，南陵倭流刼至蕪湖，縱火燒南岸，突渡北岸入市，各商民義勇登屋，以瓦石灰礶擊之，賊多傷者，遂奔去。各商兵下屋，生縛二倭，斬首十級。

是知商民亦可以執戈而禦寇也。其在江北，尚有馬兵參戰，《荊川外集・咨總督都御史胡文》中有云：

本司遂至營部署諸軍……督發千總沈儒馬兵一百八十名，潛師渡河……本司恐青州兵不能獨當，貼以鳥銃手四十名，丁有德、白虎等馬兵九十餘騎，搜林木，出賊不意，賊駭奔巢……青州兵及馬軍以搜林野戰，故多得首級，而死傷獨少。

又有教師參加作戰，鄭端簡奏議《剿滅江北倭寇查勘功罪並乞預為防禦疏》中有云：

本道督令精銳教師義勇王成、李世德、向儒、陸梧、邵鑾、葛蘭等八十餘兵，奮勇當先砍殺。

又《官軍奮勇殺敗大勢倭寇疏》中有云：

親至城外，分布各兵：牌催千戶陳厚，百戶劉芳、余慶與教師劉樞等領水兵三百名，先至狼山東頭堵截；後牌催千戶陳嘉謨，鎮撫趙繼先，武舉東昇，教師王成等領水兵五百名追襲。

此外尚有所謂腳兵者，《揚州府志》引《（萬曆）江都縣志》云：

丙辰五月，倭犯瓜洲，時抬鹽腳夫百人，用楨奮擊之，倭不能當，棄刀仗逃走，被傷者頗多，上官因目為"腳兵"。

則直可供吾人作談笑資料矣。且腳夫之參加禦倭，江南尤先有之，《江南經略》記崑山之圍有云：

西倉腳夫五十人，自相盟誓，分伏要路，俟賊奇行者擒之，得劇賊一人，祀尹乾壽百方誘之，終不言，肢解以狗。

即下至乞兒丐者，亦有以盡力禦倭著稱，如《上海縣志》引《倭寇志略》所述之穆一郎、朱夫與張二郎者是也。其文云：

嘉靖乙卯七月，倭犯周浦，知府方廉，遣諜毒賊巢中井，死者千人，丐者穆一郎與朱夫力也。一郎以五色粉墨塗面，漆身為癩，行乞賊中，因盡知賊眾寡所在，以聞於官。又與朱夫懷毒，夜納井中，賊飲井水，輒瞠目不能語。土人通賊者，告賊飲於河，故中毒不甚深，然亦多死焉。又張二郎者，善泅伏水中，能十日不食，並趫捷善走死地。甲寅，應募詗賊，數從水中鑿沉賊舟，時偵其情形，且斬倭首以獻。予之銀牌不受，勞以酒肉則受。賊平論功，應世襲百戶，加以章服，妻以妓女，皆辭，行乞如初。後方守開府江南，訪得之寺中伽藍祠下，使領所犒金，終笑不受。（原注云："《前志》据《顏志》作'軍門恐其他往，強與之百金，遂遇害'，與此小異。"）

《江蘇明代倭寇事輯》中已有邱將軍、丁千斤、馬八百事，茲不重述，惟《寶山縣志》尚有范傳柏《邱將軍歌》，特錄之以誌其死難之壯烈云：

倭人入寇至無狀，鹵掠強暴誰敢抗，
橫行海上好殺戮，執兵城下至雄壯。
一朝飄忽至羅陽，白刃耀日凌清霜；
砍人項背爆竹響，血流滿地屠肝腸。
男女千人盡被殺，其餘逃命還徬徨。
將軍見之真大怒，長矛歸取臨戰場；
其妻不知平生志，挽衣偏說君疏狂。
將軍一心欲討賊，拂衣不聽來南塘，
赫然橫矛立高阜，垂死之人得脫走。
倭方長驅勢甚猛，將軍大唱如虎吼，
洞胸達背拉枯朽。❶
一賊匹馬勢剛勇，飛矛斷喉更何有？
鵰鶻突入烏鴉群，一人殺賊數十人。
酣戰日黃救援缺，事終難濟情酸辛。
忽見東方賊又來，太息已曉身沈淪。
再戰力尚強，罵賊氣已伸。

❶ 此句前疑佚"一賊持刀氣咆哮，"。——編者註

重圍攢刃不能敵，矛折股廢鬻其身。

無馬矸無革可裹，未受爵祿酬君恩。

慟哭獨有馬千斤，埋土澆酒交情眞。

嗚呼！如君里巷細民耳，堂堂不愧將軍名！

不比從來，臥虎將軍，啖肉酣酒無功成；

一旦疆場甲兵起，懦怯驚駭惟偸生；

庸庸一世無事業，英雄對此難為情。

可憐青史名不載，讀書如與將軍對。

又《上海縣志》中記有丁爵事云：

鳳陽義官丁爵，力舉千斤，二子俱武健。應募至，率二百人出哨，遇賊於趙家溝；爵先二子前進，舉鐵鞭連撾三賊。一賊佯死臥，爵下馬取其首，賊猝奮起，斫斷爵臂。二子赴救，以所乘馬負之還，踰夕死，祀群忠祠。

此丁爵當即《嘉定縣志》中之所謂丁千斤也，只二子之傳說，則別為馬八百耳。又《寶應縣志》中記丁效恭事，亦與此有相似處云：

丁效恭膂力過人，能舉五百斤。嘗兩手擎兩鉅豕，挂梁上，攫鉅石一二百斤如轉丸。嘉靖時，倭寇入犯，縣無城，居人各逃匿村落。恭憤曰："縣無一男兒耶！"結少年數十人，持長戟，挾利刃，迎擊南郭外，揮刃連斃數人。寇將却，會鬬久饑倦，少年輩事起倉卒無紀律，衆稍退，寇伏起大呼而進，遂為所害。兄效寬，邑諸生，篤於孝友，哭弟甚哀，悒鬱以卒。

《寶應縣志》幷引有楊景漣《題丁壯士戰塲詩》，茲幷錄之，以終此編：

黑雲一片春模糊，長堤亂柳愁啼烏。

百年戰骨亦已朽，風雨曾有青燐無？

士夫頻年寡憶記，網羅不及前朝事。
海防之敗緣稅璫，嗣此又撤嘉賓堂。
惡少亡命走絕國，外交內訌侵我疆。
浙西廬火何倉皇，江陰望祀殊荒唐。
東西沈莊事尤錯，枉死姱骨埋錢塘。
么麼遺魄不得靖，無端殃禍移淮揚。
崇城大吏誰健者？擁兵閉壁如聾啞。
受禍最劇是貪官，搏顙不得身首完。
此時風雨海門惡，料角沙頭賊帆落。
戰火已照白狼山，殺聲又震雲山閣。
須臾湖上蝴蝶旋，萬家化作湖中煙。
小縣無城復無砦，亡逃不復見寇蓋。
邑毀家亡出異人，振臂一呼起其鄰。
斬倭踏倭飲倭血，倭頭落地僵其身。
驂突到此一截堵，廓如清風濯大暑。
鄉里有人能禦侮，自辰至巳更及午，
賊徒遭者俱摧阻。赤體閃忽跳刀來，
須臾匝我牆數堵；殺聲滿地賊滿天，
白刃空拳勇可貫。胡❶行出攻暮不歸，
十人一夕成千古！後來殄寇豐城李，
殺氣軍聲動淮水；精悍更有戚南塘，
軍錄之寇此伊始。當今海嶠無傳烽，
大提車馬馳春風，斷戈繡蝕沙土中，
何人酹酒弔鬼雄！

❶ 據上下文疑爲"朝"。——編者註

附錄

嚴家兵考

按《嘉定縣志》引歸有光《備倭事略》中有云：

募沿海大姓沈濮、蔡嚴、黃陸等家素能禦賊者，并為伏兵及往來遊擊，賊自不敢近城。

可知能禦賊之大姓有若干家，然以嚴家兵為最著名。《寶山縣續志》云：

倭寇之擾，縣中簽點大戶為耆民，助兵勦賊。黃姚里嚴氏與者六七家，多敗亡；後推及大顯、大年、大成、大俸、大邦兄弟五人，戰乃屢捷。

《（同治）上海縣志》又概述之云：

案時有寶山黃姚里嚴氏兄弟五人，大顯、大年、大成、大俸、大邦，皆蹻捷善鬥，能捍禦鄉里。副使任環忠憤誓滅賊，得五人，大喜。五人亦誓死報國，相隨任環，禦寇海上，多立奇功，授以官輒辭謝。後任去官，常熟令黃某，素嗛五人，且忌其功，誣以不法，以次羅織拏戮死。

而《（乾隆）嘉定縣志》載有馬元調《嚴家兵傳》，記其事蹟尤為詳悉。然元調乃崇禎時人，相距八九十年，其所述者，當係得之傳聞，自難免於附會依託，竟成所謂"箭垛式"之人物也。故以下除引用該傳文外，并將相類之事實附注之，以略見其附會之痕跡云：

嚴家兵者，嘉定瀕海黃姚里耆民嚴氏兵也，兄弟五人。父家頗饒裕，無子，聞浙有神，禱輒應，渡海求之。颶風飄別島，島中祠草、野、穆、夏大神像四，獰獰甲而胄，咸靈憪人。父心動，卽再拜以禱。登舟帆駛，倏忽抵舍。期年生子大顯，父喜曰："神不我紿；顧我所禱四大神，神當貴一子，是其草生乎？"已連舉三子大年、大成、大俸，悉以神號次第之曰野生，曰夏，曰穆，以志異。最後舉大邦，曰小乙。五人生而神怪，偉儀觀，不喜讀書，好武其天性。及長，俱身長八尺，拳勇習弓矢，或善矟，或多智，各有專長，而小乙兼之。然方太平，末由表見，雖五人者，亦莫自知其勇健絕倫也。嘉靖三十一年壬子夏五月，倭始犯寶山，殺百戶馮舉、宗元爵。繼入黃姚里，里人望風竄；五人者計曰："是將及吾；雖然，吾耕牧室廬於此，走將安之？不如守此決勝負。各屬農器彀弩以待。已賊過不入；五人者復計曰："賊似可擒。"乃相與邀其歸路，大獲，賊入海遁去。當是時，知縣萬思謙僉點大戶為耆民，領兵勦賊，嚴之族領兵者六七家，五人顧不與；六七家多敗，或被殺，乃推擇五人。同知任環者，山西人，忠憤誓滅賊，每戰必為士卒先，所披衣甲褔襠行縢，必書姓氏；嘗思得奇士共效死，忽得五人，大喜過望，乃盡放免其族，而獨與五人者提兵往來求破賊。始遇賊寶山下，破之。環嘗夜追賊，墮溝中，馬不能起，五人者突至，挺槍大呼，賊披靡。夏則負環疾走，前阻河，橋已撤丈許，一躍而過。環創甚，不省，趨數里，憩林中草舍，始甦。覓舍主人，皆已先去，止嫗在。夏請曰："我兩人皆兵士，戰敗，饑欲死，"嫗為蒸麥宰伏雌啖之。夏侍立甚謹，環曰："賊覷知我奈何？當共坐而食。"食已，臥草積中。及曙，諸敗卒咸會，環輿疾歸郡。（按：周八龍《任公平倭紀事》中云："敝衣芒屨，與士雜，行濡雨際，昏黑無休，舍依草間，嚙糒飲水同勞苦，且喻勉以古義烈事，故士遂歸心，與公死生之矣。賊潛出沒，公夜追之，出其前後，宰夫徐佩欲免公，嘗衣公衣，介馬而馳，故賊不知所取。公嘗墮溝中，賊過之不知，匿至明，士始跡得。父遇賊矢連集，士以死捍，公亦被傷，士昇之，趨濱，水梁已撤，隔丈餘，超而過。追佩急，留禦之，死焉，乃免公。已求得其元，為流涕親酹之。屬公疾，猶強力起巡壘，眾憐公壯氣，或上其狀，使者檄公歸郡。"又王穀祥《勒建錄功祠碑》亦云："公善撫士卒，視之如傷：戰罷，必單騎為殿；涉津梁，一卒未渡，終不先行；或兵未傳餐，則已❶為却食：恩誠固結，士樂效死。嘗夜行葦莽，伏起矢發，前兵既遠，庖丁徐佩以身翼蔽，公免而佩死。公斂埋之，為文哭奠，其得士心如此！"任環《詩文集·山海漫談》載其祭徐佩文云："嗚呼！佩也！生也食予，死也捍予，奇懷義抱，而孰能如！桓桓者夫，食焉避難，視爾之歸，顏有餘汗。英魂已矣，正氣不磨，當為厲鬼，殺此輩倭！曠野悲風，胥江落日，老淚如泉，匪私爾泣。哀哉！惜哉！惟爾之饗！"他如翁憲祥《重刻蘇松兵憲任公復菴平倭錄序》云："一日微行偵賊，伏發幾殆，賴一家丁翼之以免。又竄身亂尸中，三日夜而始無恙。"朱希周《平倭錄序》云："力戰於上海之八團里，其廝役一人，以身蔽公，遂殲於賊手。公復率眾追之，賊乃遁去。"王世貞《紀䥽人文》云："丞方獨身從親信抵射賊，賊中勇敢者奮持大刀踰溝來擊，丞䥽人挾抱丞上馬；丞上馬，則賊已刃尾之，䥽人乃直前手搏賊，連中數槍，手不舍，竟死。丞以間得逸去。"以及《江南經略》與《蘇州府志》所記徐珮之事，雖互有差異，而無一涉及嚴家兵者，是知傳文乃依此附會者也。）明年癸丑，賊千人自寶山趨黃姚，掠婁塘，北攻太倉幾陷，據吳淞，掠月浦，燬羅店，薄縣城，草等率其徒戰東門，號嚴家兵，乘風縱火，賊敗走，追至青村，賊遁。時環疾愈，亦來會，復敗之五里橋習家墳。參將盧鏜者，浙江總制王忬所遣赴援者也，適至，合擊之，賊大敗走。既自柘林分道寇崑山，將逼郡，草等擊之眞義。同隊嚴鐵塘者，老書生也，效古戰法，背水以敗（按：《上海縣志》云："嘉定王道通記黃浦之戰，序進士某，自言知兵，上書嚴相，請禦寇，予卒一萬五千人。時寇屯黃浦東，進士麾兵直渡，出背水陣，盡沉其舟。兵後顧，皆大哭，倭乘懼奔之，一軍盡沒。"馬元調《嚴家兵傳》作老書生嚴鐵塘者，殆其人也。《嘉定縣志》載王所賦之詩云："柄相銓官誤，書生按古差，鑿舟才一戰，崩陣已羣譁；野血誰分骨，閨

---

❶ "已"當作"己"。——編者註

畚盡換壟，至今東浦上，青火哭黃沙。"但嚴嵩何能以萬五千人交此老書生而作此兒戲之事，此蓋如序中所謂"余游上洋，有老人年九十餘矣，為余言如此"之一種傳聞而已，非真有其事也）。時都司梁鳳，都督僉事萬表，相繼失亡多，賊勢甚張，復有此敗，翁參政大立怒將行軍法，〔當連坐〕，適環自華亭來，力請，事得已。更勞苦以羊酒曰："吾兒無恐！"乃復戰，賊入太湖，環喜曰："可贖前罪矣！"參政亦喜，賞銀牌簪花，縱其揚鞭馳馬，以激勵將士。賊既入太湖，復逸平望去。明年甲寅，陷崇德，犯吳江；吳江守嚴，北犯郡，巡按御史檄環及總兵俞大猷夾擊。夏四月，嚴家兵及彭氏苗兵邀之盛墩，斬首三千級；戰泖湖，斬首七十級（按：前已引述盛墩之捷事，但無有謂"嚴家兵"亦參加作戰者）。賊大挫，半由常熟入海，半自柘林趨陸涇，嚴家兵及諸路兵戰壩上，斬首八百。時賊存者約二千人，復自崑山趨郡城，兄弟五人，血戰閶門外，用火攻。環登樓督戰，縋酒勞軍，令決一死鬥。嚴家兵無不一當百，賊大敗引去。而獨有八十三人剽悍趫捷，剽掠西上，抵南京，復返太湖，不損一人，莫敢攖其鋒（按：此"八十三人"乃係由浙江入徽州，經蕪湖過南京，而被應天巡撫曹邦輔殲滅者，此謂"剽掠西上"誤）。五人獨邀之水口，賊復入湖，焚掠洞庭兩山野，乃計使一人入賊為鄉導，引至木漬水絕處，五人從後急擊，無一脫者，賊亦醢鄉導（按：《江南經略》卷二下云："賊自浙杭歷徽歙、蕪湖南都，所向無敵。至是頓挫，大驚，覺曹公兵難犯，從間道沿山）夜行，至楓樹，擒二義氓，欲導出海。二義氓私相謀曰：'此賊得至柘林，蘇民無息肩之日矣！不舍生以紓民命，何面目見曹公乎！'乃故導之過閶門，約會城上曰：'吾導往絕地，可速來擊之！'遂至寶帶橋，橋斷，復至郭巷，三面阻水，官兵圍之三匝，賊大忿，醢二導者。二人之功多矣，惜其姓氏不傳。"又《全城志》云："賊由丹陽取徑而南，奄至姑蘇野外，迷失道，獲一田父，謬引入黎里，三面阻水，官兵因合蹙之，乃殲焉。田父亦糜，土人祠之至今。"雖云義氓與田父不同，而鄉導引賊，蓋非所謂"計使之"也。又《江南經略》記此次滅賊滸墅，亦只謂"嚴家兵左哨，沙者民兵右哨，分突衝截為奇兵。"又謂"嚴家兵父子（？）五人當其前鋒，斬賊二十七人"而已，固非獨自竟全功也）。於是嚴家兵聲振江南北，督撫欲奏請授職，不願，止領重賞，後歸黃姚為編戶。明年乙卯，知縣楊旦夾江東西立十三寨，以扼賊衝，而江以西居其六，兄弟五人分守。賊嘗自他岸登，獲名馬數匹，繫海上，近輒人立而蹶，不能制。夏奮往取之，賊私喜，以為往必遭蹶，聚而觀。夏則蹋鬃直上，盡驅以歸，賊已駭。及渡川涉橋，橋高數仞，馬踩躞不欲渡，穆乃右挾馬，左挾人，坦然過之。賊望見益大駭，以為神人也，自是不復近寨，一境以安（按："挾馬過橋"事，恐亦附會之談。《太倉州志》云："歐千斤洪武初為京師列較，時番獻善搏，誇技絕眾，推歐勝之。改授太倉衛百戶；既老，嘗乘馬過橋，不進，臂挾馬趨過。"又近人張之純《江陰倭寇舊聞》云："賊南趨無錫，攻城不入，還趨吾邑。錢公鏳禦之於石幢，發三矢，連殪三賊。賊退，命青暘鎮團長吳兌策馬統鄉兵百人往追。馬畏木梁不肯渡，兌挾馬而過"云云，皆與此類似也）。明年丙辰，賊復大至，自吳淞江入犯上海，轉寇松江，而以寶山為巢穴。官軍屢敗，仍檄五人移師往擊，戰寶山之陽，賊敗登山。時官民兵數萬，將帥數十人，相視莫敢發。小乙年最少，獨奮勇從山後潛上，手斫七人；草等率諸軍繼進，賊大潰，斬首數級，生擒百餘。當是時，嚴氏兄弟五人，威名出諸將上，督撫喜，益重賞之，蓋五人不願得官，金帛而已。當倭始發難也，民不知兵，卽兵亦不知戰，青兵、沂兵、處兵雖勇，遇則屢北，狼、土兵、僧兵雖屢捷，亦時衂，獨嚴家兵袒裼大呼，東西馳擊，或陷陣出其背，兄弟五人相救如左右手。賊望見旗幟，遁者數矣；或不及遁，與之遇，未有不糜爛者。至若擒斬零賊，奪所鹵掠，在五人不足奇也。任公每見五人戰勝，必奮賞；呼不名，必曰"吾兒"。與同食飲臥起，故能得其死力。嘗慰之曰："吾始以同知將兵，與若兄弟寢戈擐甲有年，陞僉事備兵於此，復進級副使，吾功皆若功；若兄弟雖不願仕，終當奏天子，使知海畔有虎臣耳。"五人再拜謝曰："大顯等感激知遇,且目擊桑梓塗炭,誠奮不顧身,即敗死瞑目。今者,不自意屢勝賊,前後賞賜逾量,安敢望爵!且吾聞爵易拘人,俟海波不揚,從明公乞此身,釋甲荷蓑,笑傲東海上,亦安所事爵?"任公為明年寇平,請終制,詔加山東參政以歸,——歸二年卒,蓋自是無復有能用五人者矣(按:任環既與嚴家兵有如是之密切關係,而其《山海漫談》所載之詩文與序跋碑傳之類,全無一語述及嚴家兵者,故知其係因"善撫士卒,與同甘苦"之語而附會之也)。時盜賊出沒江海,臺檄野生、小乙守嘉定,而草、穆、夏守常熟。會大盜發部(縣)中,知縣黃應嘉疑其所使,俱論死。兄弟三人相隨入獄,仰天歎曰:"吾等提兵百戰,為國家出死力,卒剿倭;今反為獄吏所困!"手足一舒,械繫俱絕,因痛飲自縊。家人收其屍,顏色如生(按:《蘇州府志》及《常昭合志稿·職官表》中並無所謂"黃應嘉"者,只嘉靖三十八年任知縣者,為"黃嘉賓",其《名宦志》載其事蹟云:"黃嘉賓字似碅,崇安人,以進士知常熟。時倭患甫息,繼以旱澇,嘉賓撫綏瘡痍,輸賦者布縷雞豚,皆[以便宜]收納。發摘奸伏如神,會捕治海寇吳宗,鹽使袁某入宗賄,誣逮嘉賓,幸輿論保持之;然未及給由,量遷戶部。既去,民思之,至萬曆三十五年丁未,始祀名宦祠。時有一父老,扶杖匍匐云'少遭寃獄,遇公得釋'望木主且泣且拜,哀動路人。"既未述及此獄,亦未言其後以憲職備兵,故疑係因吳宗而誤傳也)。野生及小乙聞難感憤,棄兵歸黃姚,仍為大戶。然性強暴,喜凌人,卒鼓眾怨。萬曆初,黃知縣以憲職來備兵,下車首詢嚴氏族強大,聲勢如昔,頗意其所為不法;而怨家復陳牒言事,於是野生謫戍道死,而小乙及兄子星斗二人,俱坐斬。臨刑,斗少年寃泣不已,小乙厲聲叱曰:"豎子何怯!吾昔與若父戰寶山,當四五萬賊不死,今死於此,命也!且殺人多矣!能無及〔己〕乎?"獨歡歌慷慨,觀者吐舌。兄弟五人皆絕世。至今吳中八九十老人,追言倭事,猶必以嚴家兵為稱首,而五人靈爽不昧,黃姚里祀為神,凡出海求魚鹽,祈禱無不應,人以是益信五人為島中神所降也。

附錄

此傳文固不足信,而《寶山縣志》且載有邑人嚴九皋及沈學淵紀嚴家兵詩以歌頌之,亦不過以訛而傳訛耳。嚴詩云:

男兒立身當衛國,不貴區區弄文墨。
鄉里小民立戰功,愧殺廟堂真肉食。
憶昔有明嘉靖年,倭寇公然入疆域。
斫人頂骨爆竹聲,十室九空盡逃匿。
此時不有嚴家兵,東南半壁幾傾側。
嚴家五人本天神,草野夏穆皆嶙峋。
儀冠瑰偉智勇備,五弟小乙尤絕倫。
山西任公矢忠憤,虎帳時與五人近。
青村盛墩泖河(湖)捷,醜類兔奔半虀粉。
寶山一擊更突兀,賊趨海堧據巢窟。
此日官兵數萬人,錯愕相看莫敢發。
先登却讓少年人,一以當百士氣伸。
當時若無鉅鹿戰,千古奇勳君獨擅。
功成長揖歸里閭,拂衣不應馮唐薦。
明季紛紛法吏尊,任公老去泣幽魂。
脊令聲斷荒原暮,荊樹花殘夜雨昏。
英雄到頭終戮辱,憑空羅織成冤獄。
五人高舉竟如斯,誰謂勇餘智不足?
君不見:狡兔死兮走狗烹,古來豈獨嚴家兵!

沈詩則云(按:沈詩《上海縣志》亦錄之,而詞句略少,今將其特異者注之於後):

滄波撼地羣山壓,搏桑日射黃金甲。
獰神夜遣五丁來,吉弔成龍怒穿脅。

海鄉一夜風鶴驚,卑彌呼女能弄兵。
雕青惡少健身手,烽烟直照吳淞城。
爰居飛來鼠奔竄,荒荒百里無春耕。
兀然嫚罵公侯(等)怯,棄我邑里將安行?
義旗一麾天地變,叱咤如雷目如電。
髑髏墜地掃黃巾,刀劍橫空飛白練。
一家團練出奇兵,今日方能背城戰。
其時典兵有任公,開門長揖論軍功。
腹心願作指臂使,張我表海泱泱風!
從此枕戈身許國,草莽三歲仍伏戎。
鱷魚掉尾齊告警,兩軍始遇(嘗戰)青村東。
戎馬旋濘車陷淖,慶鄭大號公絕叫。
夏生倉卒負公行,敵騎如風追不到。
惡谿前阻十丈強,一躍雙驍玉女笑。
頻年轉戰川沙橋,青天半壁虹闌高。
駿馬蹀躞折其足,穆生怒作魚龍跳。
左手挾人右挾馬,清風兩腕(腋)凌雲霄。
草生野生亦沈鷙,拔戟一隊當前茅。
小乙年少尤健絕,往往赤手擒渠魁。
骨肉禦侮首尾應,長子弟子皆人豪!
歸來釋(解)甲氣磅礴,莫憑汗血分珪爵。
但須(願)瀕海靖烽煙,弟兄儘有田園樂。
軍中司馬返故林,布衣從此無知音。
白日慘澹塵蔽野,銀鐺索索都成擒。
河山百戰事如昨,相背愁殺韓淮陰。

不死鋒鏑死羅織，吏胥側目大理瘖。

嗚呼！天生將材頗不易，節鉞未膺閫外寄。

鄉閭保障亦奇功，綽楔先應表忠義。

豈知塡海本寃禽，銜盡人間不平事！

君不見：王江涇頭張尚書，凱歌聲裏徵囚車；

又不見：滸墅關前曹巡撫，捷音一奏丞相怒。

何況吾儕是小人，區區戰功何足數！

舉頭天外悟前生，插足人環無樂土。

至今海國餘荒祠，英風蕭颯吹靈旗。

潮聲夜打空城腳，一片銀濤白馬馳！

　　余意當日嚴氏族中縱有此兄弟數人之參加作戰，然未必如是之神勇也，特因好奇而傳說附會之，遂成如是之"箭樑式"的人物，且謂其為神所降生而終亦成為神矣。附錄此傳文及兩詩於此，以殿此篇。

編後記

　　黎光明（1900～1946），字靜修，一字敬修、勁修，四川灌縣人，回族。早年求學于成華聯合中學、東南大學，1924年加入國民黨，因積極參加學生運動，反對軍閥和帝國主義強權而被學校開除。後又考入廣州中山大學，1927年畢業，由於學業優良而入中央研究院從事歷史語言研究。1928年，受中央研究院歷史語言研究所所長傅斯年派遣，與王元輝到川西北考察民俗，完成10餘萬字的《川康民俗調查報告》。1929年供職于燕京大學圖書館，後在重慶大學、成都大學、四川大學、江西廬山星子訓練班、中央軍校成都分校任教。1938年8月至1944年年底，先後任省立綿陽中學、私立蔭唐中學、省立成都中學校長，成都市臨時參議會參議員，四川省第十六區專員公署秘書等職。1945年1月調任靖化縣縣長。1946年3月，以誅鋤惡霸殉職于任所。樊鳳麟在《悼黎》中說："他（黎光明）以和風車作戰的精神去剷除積年戕官逐吏之惡霸杜鐵樵，正所謂毒蛇在手，壯士斷腕。然而他竟把自己的生命變成壯丁之腕……終於喋血邊境，埋骨遐荒。"中山大學校長朱騮先（朱家驊）悼歎："黎光明同學嫉惡如仇，認真推行政令，以文官不惜死而殉職邊區，不辜負革命策源地之薰陶也。"國民政府褒揚黎光明："盡忠職守，弗避艱危，為國捐軀，殊堪潛惜，應予明令褒揚，用資矜式。"黎氏雖在學界時間不長，但研究成果頗豐。除

《嘉靖禦倭江浙主客軍考》《川康民俗調查報告》外，與顧頡剛合作《明末清初之四川》《想念兒子的老人——四川灌縣民間故事》，獨著《明嘉靖倭寇入寇東南考證》《皇明禦倭錄勘誤》《中國歷代戰爭史》等。

隨著 20 世紀 30 年代日本加緊侵華活動，中日關係成為社會熱點，明史學界對抗倭的研究也蔚然成風，如李晉華《三百年前倭禍考》（上海國民外交委員會，1933 年）、陳懋恒《明代倭寇考略》（哈佛燕京學社，1934 年）、吳重翰《明代倭寇犯華史略》（商務印書館，1939 年）、王崇武《戚繼光》（南京勝利出版公司，1946 年）、李樹桐《明代中日朝鮮戰爭》（《文史雜誌》1 卷 6 期，1941 年）、王婆楞《歷代征倭文獻考》（重慶正中書局，1940 年）等相繼問世。黎光明對明史用力極勤。《嘉靖禦倭江浙主客軍考》從細節上研究抗倭戰爭，對嘉靖年間從各地徵調到江浙抗倭的武裝力量的淵源、調集、抗倭經過及其影響等進行詳細考證，其將僧兵列為一個專門的研究專題，使後世開始意識到這一支重要的抗倭力量。從研究方法上來看，作者嚴格堅持結論來自史料的原則，書中所引用史料篇幅遠遠大於結論性的語言，通過對材料的嚴密、合理堆砌，讓材料自己說話。本書所引材料來源廣泛，從正史到筆記到方志，相互印證，對於其中細微的差異也明察秋毫，以求得歷史的真實。《嘉靖禦倭江浙主客軍考》鈎稽排比，至為精當，得到著名史學界柳詒徵、顧頡剛等先生的稱讚。

此次整理出版的《嘉靖禦倭江浙主客軍考》，據 1933 年哈佛燕京學社《燕京學報》專號的底本進行整理。需向讀者說明：一，原文中的標點符號，尤其是書名號的標注，與現在的規範有所不同，在整理過程中，進行了必要的補充、修正，不再一一注出說明。二，對原文中一些明顯的錯訛之處，進行必要的修改，並以"編者註"的形式加以說明。三，原書後附有"勘誤表"，本次整理時將其直接改入書稿

編後記

相應位置,不再單獨附列。四,民國時期有些字形寫法有多種,原書存在不儘一致之處,本次出版亦加以保留,體現歷史原貌。限於整理者水準,錯漏不當之處在所難免,誠望讀者諸君批評指正。

劉　江
2014年4月

《民國文存》第一輯書目

紅樓夢附集十二種	徐復初
萬國博覽會遊記	屠坤華
國學必讀（上）	錢基博
國學必讀（下）	錢基博
中國寓言與神話	胡懷琛
文選學	駱鴻凱
中國書史	查猛濟、陳彬龢
林紓筆記及選評兩種	林紓
程伊川年譜	姚名達
左宗棠家書	許嘯天句讀、胡翼雲校閱
積微居文錄	楊樹達
中國文字與書法	陳彬龢
中國六大文豪	謝無量
中國學術大綱	蔡尚思
中國僧伽之詩生活	張長弓
中國近三百年哲學史	蔣維喬
段硯齋雜文	沈兼士
清代學者整理舊學之總成績	梁啟超
墨子綜釋	支偉成
讀淮南子	盧錫烴

國外考察記兩種	傅芸子、程硯秋
古文筆法百篇	胡懷琛
中國文學史	劉大白
紅樓夢研究兩種	李辰冬、壽鵬飛
閒話上海	馬健行
老學蛻語	范櫸
中國文學史	林傳甲
墨子間詁箋	張純一
中國國文法	吳瀛
《四書》《周易》解題及其讀法	錢基博
老莊研究兩種	陳柱、顧實
清初五大師集（卷一）·黃梨洲集	許嘯天整理
清初五大師集（卷二）·顧亭林集	許嘯天整理
清初五大師集（卷三）·王船山集	許嘯天整理
清初五大師集（卷四）·朱舜水集	許嘯天整理
清初五大師集（卷五）·顏習齋集	許嘯天整理
文學論	[日]夏目漱石著、張我軍譯
經學史論	[日]本田成之著、江俠庵譯
經史子集要略	羅止園
古代詩詞研究三種	胡樸安、賀楊靈、徐珂
古代文學研究三種	張西堂、羅常培、呂思勉
巴拿馬太平洋萬國博覽會要覽	李宣龔
國史通略	張震南
先秦經濟思想史二種	甘乃光、熊夢
三國晉初史略	王鍾麒
清史講義（上）	汪榮寶、許國英
清史講義（下）	汪榮寶、許國英

清史要略	陳懷
中國近百年史要	陳懷
中國近百年史	孟世傑
中國近世史	魏野疇
中國歷代黨爭史	王桐齡
古書源流（上）	李繼煌
古書源流（下）	李繼煌
史學叢書	呂思勉
中華幣制史（上）	張家驤
中華幣制史（下）	張家驤
中國貨幣史研究二種	徐滄水、章宗元
歷代屯田考（上）	張君約
歷代屯田考（下）	張君約
東方研究史	莫東寅
西洋教育思想史（上）	蔣徑三
西洋教育思想史（下）	蔣徑三
人生哲學	杜亞泉
佛學綱要	蔣維喬
國學問答	黃筱蘭、張景博
社會學綱要	馮品蘭
韓非子研究	王世琯
中國哲學史綱要	舒新城
中國古代政治哲學批判	李麥麥
教育心理學	朱兆萃
陸王哲學探微	胡哲敷
認識論入門	羅鴻詔
儒哲學案合編	曹恭翊

荀子哲學綱要	劉子靜
中國戲劇概評	培良
中國哲學史（上）	趙蘭坪
中國哲學史（中）	趙蘭坪
中國哲學史（下）	趙蘭坪
嘉靖禦倭江浙主客軍考	黎光明
《佛遊天竺記》考釋	岑仲勉
法蘭西大革命史	常乃惪
德國史兩種	道森、常乃惪
中國最近三十年史	陳功甫
近百年外交失敗史（1840~1928）	徐國楨
最近中國三十年外交史	劉彥
日俄戰爭史	呂思勉、郭斌佳、陳功甫
老子概論	許嘯天
被侵害之中國	劉彥
日本侵華史兩種	曹伯韓、汪馥泉
馮承鈞譯著兩種	伯希和、色伽蘭
金石目錄兩種	李根源、張江裁、許道令
晚清中俄外交兩例	常乃惪、威德、陳勛仲
美國獨立建國	商務印書館編譯所、宋桂煌
不平等條約的研究	張廷灝、高爾松
中外文化小史	常乃惪、梁冰弦
中外工業史兩種	陳家錕、林子英、劉秉麟
中國鐵道史（上）	謝彬
中國鐵道史（下）	謝彬
中國之儲蓄銀行史（上）	王志莘
中國之儲蓄銀行史（下）	王志莘

史學史三種	羅元鯤、呂思勉、何炳松
近世歐洲史（上）	何炳松
近世歐洲史（下）	何炳松
西洋教育史大綱（上）	姜琦
西洋教育史大綱（下）	姜琦
歐洲文藝雜談	張資平、華林
楊墨哲學	蔣維喬
新哲學的地理觀	錢今昔
德育原理	吳俊升
兒童心理學綱要（外一種）	艾華、高卓
哲學研究兩種	曾昭鐸、張銘鼎
洪深戲劇研究及創作兩種	洪深
社會學問題研究	鄭若谷、常乃悳
白石道人詞箋平（外一種）	陳柱、王光祈
成功之路：現代名人自述	徐悲鴻等
蘇青與張愛玲：文壇逸站	白鷗
文壇印象記	黃人影
宋元戲劇研究兩種	趙景深
上海的日報與定期刊物	胡道靜
上海新聞事業之史話	胡道靜
人物品藻錄	鄭逸梅
賽金花故事三種	杜君謀、熊佛西、夏衍
湯若望傳（第一冊）	[德]魏特著、楊丙辰譯
湯若望傳（第二冊）	[德]魏特著、楊丙辰譯
摩尼教與景教流行中國考	馮承鈞
楚詞研究兩種	謝無量、陸侃如
古書今讀法（外一種）	胡懷琛、胡樸安、胡道靜

黃仲則詩與評傳	朱建新、章衣萍
中國文學批評論文集	葉楚傖
名人演講集	許嘯天
印度童話集	徐蔚南
日本文學	謝六逸
齊如山劇學研究兩種	齊如山
俾斯麥（上）	[德]盧特維喜著、伍光建譯
俾斯麥（中）	[德]盧特維喜著、伍光建譯
俾斯麥（下）	[德]盧特維喜著、伍光建譯
中國現代藝術史	李樸園
藝術論集	李樸園
西北旅行日記	郭步陶
新聞學撮要	戈公振
隋唐時代西域人華化考	何健民
中國近代戲曲史	鄭震
詩經學與詞學ABC	金公亮、胡雲翼
文字學與文體論ABC	胡樸安、顧蓋丞
目錄學	姚名達
唐宋散文選	葉楚傖
三國晉南北朝文選	葉楚傖
論德國民族性	[德]黎耳著，楊丙辰譯
梁任公語粹	許嘯天選輯
中國先哲人性論	江恆源
青年修養	曹伯韓
青年學習兩種	曹伯韓
青年教育兩種	陸費逵、舒新城
過度時代之思想與教育	蔣夢麟

我和教育	舒新城
社會與教育	陶孟和
國民立身訓	謝無量
讀書與寫作	李公樸
白話書信	高語罕
文章及其作法	高語罕
作文講話	章衣萍
實用修辭學	郭步陶
版本通義・古籍舉要	錢基博
中國戲劇概評	向培良
現代文學十二講	[日]昇曙夢著、汪馥泉譯